Daria Pezzoli-Olgiati

Religion in der Kultur erforschen

P V E R
V A L A
E R N G
L A G O

Daria Pezzoli-Olgiati

Religion in der Kultur erforschen

Ein Essay

PANO VERLAG

Der Theologische Verlag Zürich wird vom Bundesamt für Kultur mit einem Strukturbeitrag für die Jahre 2019–2020 unterstützt.

Bibliografische Information der Deutschen Nationalbibliothek
Die Deutsche Nationalbibliothek verzeichnet diese Publikation in der Deutschen Nationalbibliografie; detaillierte bibliografische Daten sind im Internet über http://dnb.dnb.de abrufbar.

Umschlaggestaltung
Simone Ackermann, Zürich

Druck
Rosch Buch, Scheßlitz

ISBN 978-3-290-22054-9 (Print)
ISBN 978-3-290-22055-6 (E-Book: PDF)
© 2019 Theologischer Verlag Zürich
www.pano.ch

Für Valdo

Unser Programm war: *Leur ouvrir un peu la fenêtre* («ihnen das Fenster aufschliessen»): Ich kann mir kein Programm vorstellen, das aufregender, abenteuerlicher und notwendiger ist.[1]

Fabio Pusterla, *Una luce che non si spegne*

Inhalt

Vorwort

«Wie erforscht man Religion?»: Mit dieser Frage werden Studierende der Religionswissenschaft und anderer religionsbezogener Fächer zu Beginn des Studiums konfrontiert. Es gilt, theoretische Horizonte und forschungsgeschichtliche Positionen zu erläutern, methodische Zugänge zu erklären und einzuüben. Gerade diese Frage am Studienanfang, die auf den ersten Blick als etwas erscheint, das man ein für alle Mal klärt, stellt sich nicht nur zu Beginn der Beschäftigung mit Religion, sondern begleitet die religionswissenschaftliche Forschungspraxis und die Vermittlung von Ergebnissen religionswissenschaftlicher Analysen immer.

Jedes Mal, wenn man sie sich stellt, erscheint diese tückische Frage anders – sie irritiert jedoch immer. Sie ist nämlich eine dieser Fragen, die unvermeidlich zu anderen Fragen führt, weil sie zugleich schlicht und komplex ist. Sie eröffnet neue Perspektiven, weist auf Probleme und Grenzen hin. Ihre Verwandtschaft mit «Was ist Religion?» und «Kann man so etwas wie Religion überhaupt erforschen?»[2] illustrieren diese herausfordernden und zugleich reizvollen Aspekte.

Die Grundthemen dieses Essays habe ich in der Antrittsvorlesung vorgestellt, die ich am 10. November 2017 an der Ludwig-Maximilians-Universität München als neuberufene Professorin für Religionswissenschaft und Religionsgeschichte hielt. Sie gehen auf die vielen Gespräche zurück, die ich mit Studierenden und Doktorierenden, Kollegen und Kolleginnen, im Freundeskreis oder mit vielen Menschen, denen ich bei Tagungen, Workshops und Vorträgen begegnet bin, geführt habe. Dieser Beitrag zielt darauf, die Erforschung von Religion in der Kultur darzulegen und Brücken zu anderen Disziplinen zu schlagen, die sich

mit ähnlichen Fragen und theoretischen Konzepten aus anderen
Blickwinkeln und in verschiedenen Wissenschaftstraditionen
beschäftigen. Diese Reflexionen über die Relevanz eines kulturwissenschaftlichen Zugangs zu Religion entspringen der intensi-
ven Kooperation mit Forschenden aus anderen Fachrichtungen,
in denen Religion eine zentrale Rolle spielt, beispielsweise in der
Forschungsgruppe «Medien und Religion», am Zentrum für Religion, Wirtschaft und Politik an den Universitäten Basel, Luzern
und Zürich oder in vielfältigen interdisziplinären Kooperatio-
nen an der Ludwig-Maximilians-Universität in München. Darüber hinaus hat mich die Arbeit in Gremien der Schweizerischen
Akademien der Wissenschaften, in denen Geistes-, Sozial- sowie
Naturwissenschaften mit den medizinischen und technischen
Wissenschaften zusammenarbeiten, motiviert, diesen Essay zu
verfassen.

Wenn man Religion als wesentlichen Aspekt von Kultur
erforscht, den man wie alles andere untersuchen kann und soll,
hört man immer wieder die kritische Frage: «Was macht ihr
eigentlich? Was untersucht man, wenn man Religion analysiert?»
Religion scheint für viele etwas zu sein, was jenseits jeder rationa-
len, wissenschaftlich präzisen Erfassung liegt.

Dieser Essay liefert deswegen bewusst keine Einführung in die
Religionswissenschaft (dazu besteht auch keine Notwendigkeit,
weil es viele ausgezeichnete Einführungen gibt), sondern möchte
erklären, was Religionsforschung sein könnte und warum ihr Beitrag zur Kulturwissenschaft relevant ist. Ich hoffe, damit Interes-
sierten und Zweifelnden die Herausforderungen und die Stärken
der Religionswissenschaft auf verständliche Weise nachvollziehbar zu machen. Dabei suche ich nach einem kritischen Austausch
mit den Lesenden aus verschiedenen Richtungen, die jedoch eine
gemeinsame Voraussetzung teilen: Die disziplinäre Kompetenzen und Verfahren werden als unterschiedliche Ausgangspunkte
einer gemeinsamen Erkundung und nicht als Abgrenzungsstrate-
gie gegenüber andersartigen Ansätzen betrachtet.

Wenn verschiedene, manchmal auch erheblich unterschiedliche Wissensbestände und Denkweisen zusammenkommen, stehen plötzlich Verfahren und Ansätze, die im Fachdiskurs als selbstverständlich gelten, ihres Zusammenhangs beraubt und erklärungsbedürftig da. Aus diesem Grund möchte ich erläutern, warum es aufschlussreich ist, Religion als Teil der Kultur zu erforschen, was man unter diesem Ansatz verstehen kann und welchen Beitrag diese spezifische Perspektive im Kontext der anderen leisten kann.

Ganz herzlich möchte ich mich bei allen bedanken, die mir beim Schreiben dieses Buches geholfen haben. Ein besonderes Dankeswort gilt den Mitgliedern des Forschungsseminars Medien und Religion für die weiterführenden Kommentare. Insbesondere möchte ich Verena Eberhardt und Anna-Katharina Höpflinger für die grosszügige Unterstützung bei den Korrekturen und Lisa Briner, der Co-Leiterin des Theologischen Verlags Zürichs, für das sorgfältige Lektorat und die weiterführenden Anmerkungen ganz herzlich danken.

München/Neggio, im Winter 2018

I *Mise en abyme:*
Der «Religion» auf der Spur

Ich möchte meine Überlegungen zur Religionsforschung mit einer Figur beginnen, die mich in diesem Zusammenhang besonders fasziniert: der *mise en abyme*. Die *mise en abyme* ist ein Bild für die Möglichkeit von Kunstwerken, durch Spiegeleffekte und Blicke in die Tiefe die Kraft eines künstlerischen Werks selbst zu reflektieren, sein Verhältnis zur Realität sichtbar zu machen, zu problematisieren und zu hinterfragen. *Mise en abyme* (auf Deutsch übersetzt etwa «In-Abgrund-Setzung») bezeichnet einen theoretischen Horizont, der für die Analyse von Texten, Bildern, Dramen oder Filmen verwendet wird. Je nachdem, ob ich mich mit Literatur oder mit Filmen beschäftige, gibt es unterschiedliche Konzepte und Strategien, um die medienspezifischen Formen dieser selbstreflexiven Möglichkeit von Fiktion zu untersuchen: Beispielsweise sind der Spiegel im Bild oder der Film im Film Verfahren, die die Fiktionalität des jeweiligen Kunstwerks, seine Funktion und Wirkung thematisieren. Immer aber hebt *mise en abyme* grundsätzlich die Möglichkeit eines Werks hervor, seine eigene fiktionale Dimension zu reflektieren. Mit der Inszenierung eines Werks im Werk werden vielschichtige Interpretationsmöglichkeiten explizit im Werk selbst verankert.[3]

Als theoretischer Zugang sensibilisiert die *mise en abyme* für diese selbstreflexiven, künstlerischen Spiegelungen.[4] Dies kann auch für die Erforschung von Religion inspirierend sein. Deswegen möchte ich hier die *mise en abyme* als ein – etwas gewagtes – Sinnbild für die Aufgabe verwenden, Religion wissenschaftlich zu untersuchen. Meiner Meinung nach setzt jeder Versuch, Religion wissenschaftlich zu erkunden, eine Form von *mise en abyme* voraus. Denn jede Analyse von Religion setzt das Konzept «Religion» und den Sachverhalt, der Gegenstand der Aufmerksamkeit ist, in ein Verhältnis zueinander. Dies kann auf reflektierte Weise geschehen oder implizit, indem man bestimmten wissenschaftlichen Konventionen folgt.

Jede Analyse spiegelt den ausgewählten Zugang zu Religion wider. Unabhängig vom verwendeten (oder im Extremfall: verweigerten oder abgelehnten) Religionskonzept, auf dem eine Forschung gründet, besteht zwischen der theoretischen Bestimmung von Religion und den empirischen Befunden – seien diese historisch oder auf die Gegenwart ausgerichtet – ein komplexes Verhältnis der gegenseitigen Spiegelung.

Die *mise en abyme* führt zwei Aspekte zusammen, die in einer Spannung stehen. Sie weist auf ein künstlerisches Spiel hin, das einerseits auf das Unendliche hindeutet: In den wiederholten Spiegelungen wird alles immer kleiner, ohne jedoch ein Ende zu nehmen. Auf der anderen Seite zeigt dieses Spiel auf nichts anderes hin als auf das, was das Künstlerische mit der Repräsentation macht: Sie verdichtet Blicke auf die Welt.

Mich fasziniert an diesem Ansatz die Möglichkeit, auf die Komplexität und Mehrdeutigkeit des Werks hinzuweisen und dabei die Selbstreflexion nicht aus den Augen zu verlieren. Wenn sich in einem imaginären Raum eine Tür öffnet, die den Zugang zu anderen Türen ermöglicht, oder der filmische Blick in den Spiegel zur Fragmentierung des Akts des Sehens selbst führt, dann zwingt die *mise en abyme* dazu, in labyrinthische Abgründe einzutauchen, die etwas darüber sagen, warum wir überhaupt in diese Verschachtelungen hineinschauen sollen.

Mag die Vorstellung von abgründigen Blicken in der Erforschung von Religion oder von Selbstreflexivität in der Religionswissenschaft auch als mühselige Verkomplizierung einer bereits herausfordernden Aufgabe irritieren, kann die akademische Beschäftigung mit Religion einiges aus der Figur der *mise en abyme* gewinnen. Im Folgenden möchte ich erläutern, warum die wissenschaftliche Auseinandersetzung mit Religion von der *mise en abyme* profitieren kann und warum der Blick in komplexe Spiegelungen – und die damit verbundene Selbstreflexion – weiterführend ist.

Religion ist ein vielschichtiges Phänomen. Es kann kaum als gesonderter Bereich menschlichen Lebens untersucht werden, weil es eng mit der gesamten Kultur verflochten ist. Was hier wie ein Gemeinplatz wirkt, ist im Hinblick auf den Forschungsalltag weder selbstverständlich noch banal. Geht man von einer Wechselwirkung von Religion und Kultur aus, ist einerseits Komplexität der Normalfall, andererseits muss man akzeptieren, dass nicht alle Dimensionen von Religion wissenschaftlich erschliessbar sind. Diese Aspekte werden wir in den kommenden Kapiteln vertiefen. An dieser Stelle ist es zuerst einmal wichtig zu betonen, dass Religion in der Kultur als Gegenstand von Forschung sperrig und herausfordernd ist.

Mit der *mise en abyme* vor Augen seien nun drei Grundfragen der Erforschung von Religion in der Kultur hervorgehoben:

Erstens: *Was* kann unter Religion in der Kultur verstanden werden?

Zweitens: *Wie* kann man mit der Wechselwirkung von Religion und Kultur umgehen?

Drittens: Welche Folgen hat ein hermeneutisches Nachdenken über die Forschungspraxis für das Verstehen von Religion, wenn wir uns mit der notwendigen Selbstreflexion diesem komplexen Phänomen und den vielfältigen Zugängen dazu nähern?

II Religion in der Kultur

Was ist Religion? Mit dieser Frage wird man zu Beginn eines Einführungskurses in die Religionswissenschaft konfrontiert. Als Dozentin fordere ich die neuen Studierenden auf, darüber nachzudenken, was Religion sein könnte: Auf der Tafel werden ganz unterschiedliche Stichworte zu Themen und/oder eigenen Überzeugungen festgehalten wie: «Religion ist etwas, das von Menschen gemacht ist», «Religion ist das, was Menschen glauben», «Religion setzt eine intellektuelle Auseinandersetzung mit der Welt voraus, beispielsweise mit dem Ursprung der Welt», «Religion ist Orientierung und Hingabe», «Religion ist Praxis», «Religion hat mit dem Tod und dem Jenseits zu tun», «Religion setzt immer Offenbarung voraus», «Religion bietet Trost angesichts des Schicksals», «Religion ist eine Option», «Religion begründet Werte und Normen», «Religion ist der eigene Glaube, also etwas Privates», «Religion hat mit Kunst zu tun», «Religion führt zu Gewalt» oder «Religion ist friedenstiftend».[5]

Dieses Ergebnis eines Brainstormings mit Studierenden erhebt in keiner Weise den Anspruch, wissenschaftlich fundiert zu sein. Aussagekräftig ist es dennoch, weil es zusammenfasst, was junge Menschen denken, die sich dafür entschieden haben, Religion zum Gegenstand ihres Haupt- oder Nebenfachs zu machen.

Eigentlich könnten alle diese Aussagen wissenschaftlich begründet werden, obwohl sie jeweils nur eine bestimme Dimension von Religion im Blick haben. Wie in der gemeinsamen Arbeit im Laufe des Einführungskurses jeweils klar wird, spiegeln diese Aussagen verschiedene Zugänge zu Religion wider, die ihren Grund in unterschiedlichen Betrachtungsweisen haben. Wenn sich jemand für Religion interessiert als «etwas, was von

Menschen gemacht ist», geht er oder sie ganz anders vor als
jemand, der Religion mit dem eigenen Glauben oder mit einem
Offenbarungsgeschehen gleichsetzt. Um die Plausibilität, aber
auch die Schwierigkeiten zu diskutieren, die mit diesen Aussagen zusammenhängen, kann man diesen unterschiedlichen
Positionen Kategorien wie «gesellschaftliche Dimension» oder
«individuelle Dimension», «Tradierungsprozesse» und «Soziali-
sierungsprozesse», «normative und repräsentative Orientierung»,
«Medialität» oder «Praxis, Ritual» zuordnen und sie anhand eines
Konzepts von Religion zusammenfügen: Eine alles umfassende
und dennoch aussagekräftige Bestimmung von Religion ist bis
jetzt noch in keinem Einführungskurs erzielt worden. Die Übung
endet vielmehr üblicherweise im Dilemma: Entweder wird Religion so ausgeweitet, dass sie alle möglichen Phänomene mitein-
schliesst und zu unspezifisch wird, oder aber man wählt ein deutlich umrissenes Konzept von Religion aus und stellt nachträglich
fest, dass (zu viele oder unverzichtbare) Aspekte aus dem jeweiligen Gesamtentwurf ausgeschlossen bleiben.

Ein solches Brainstorming zeigt auf, dass bei einer ersten
Annäherung an «Was ist Religion?» der springende Punkt nicht
die Antwort ist, sondern *dass* man diese Frage stellt und auf die
aus der Antwort folgenden Probleme achtet. Mit dieser Ver-
suchsanordnung wird deutlich, dass es unterschiedliche plausible
Antworten auf die Ausgangsfrage gibt, die je eigene Stärken und
Schwächen aufweisen, bestimmte Aspekte in den Vordergrund
stellen und andere ausblenden, und dass es notwendig ist, mit
der Vielfalt an möglichen Antworten umzugehen. Mit dieser
Übung kann man die verschiedenen Argumentationslinien aufzeigen und in die entsprechenden forschungsgeschichtlichen und
forschungsbezogenen Kontexte einführen. Religion wird so als
diskursive Kategorie verhandelt, an der zahlreiche Akteure und
Dimensionen von Kultur beteiligt sind.

Diese Erfahrung mit der Frage, was Religion sei, ist nicht nur
typisch für den Anfang des Studiums. Seitdem sie gestellt wird,
liegt darin ein äusserst produktiver Moment religionswissen-

schaftlicher Forschung. Der Gang durch Fachbibliotheken verdeutlicht die Vielfalt an theoretischen Zugängen zum Konzept von Religion.[6] Die unzähligen, untereinander auch stark divergierenden Definitionen wurzeln in der Komplexität des Unterfangens, in unterschiedlichen Kulturen, Sprachen, Zeiten, Orten und menschlichen Betätigungsfeldern nach so etwas wie «Religion» zu suchen.[7] Diese Produktivität der Forschungsgeschichte stellt uns – ob man es zugibt oder nicht – vor eine unglaubliche Vielfalt an Strategien, Voraussetzungen und Zugängen zu Religion, die alle eine gewissen Plausibilität für sich beanspruchen.

Die Art und Weise des Umgangs mit der Vielfalt an Definitionen fällt unterschiedlich aus. Nicht selten entbrennt ein heftiger Streit.[8] Die Uneinigkeit darüber, was Religion ist, wird manchmal als Argument genutzt, um eine Krise der Religionswissenschaft zu deklarieren: Wie kann eine Disziplin bestehen, die einen so problematischen Gegenstand untersucht? Man könnte die Frage auch andersherum stellen: Welche Voraussetzungen liegen in diesem Fall der Entscheidung zugrunde, Religion als Kategorie der Analyse zu akzeptieren?

Einige sagen, Religion sei ein ideologisches Konstrukt der Wissenschaft und Trägerin kolonialistischer Haltungen und gehöre also abgeschafft.[9] Andere bemühen sich nicht um die Auflösung des Konzepts und folglich der Disziplin, sondern um *den* passenden Zugang zu Religion, was zu endlosen Debatten und Auseinandersetzungen führt.[10]

Wieder andere verzichten auf die Definition des Gegenstands und bestimmen Religion ausgehend von dem, was Menschen darunter verstehen. Hier führt der Verzicht auf eine Definition von Religion zur Konstruktion des Gegenstands anhand von Selbstaussagen, die man mit Methoden sozialwissenschaftlicher empirischer Forschung rekonstruiert. Die Definitionsmacht überlässt man in diesem Fall den Menschen oder Konstellationen, die untersucht werden.[11] Allerdings ist dieser Zugang schwierig, weil jede und jeder andere Worte und Begriffe verwendet. Darüber hinaus kann religiöse Orientierung mit Dingen zusammenhängen, die man betrachtet, anfasst, riecht oder hört, so dass Emotionen und Affekte eine grössere Rolle spielen können als intellektuelle Konzepte. Die Übersetzung dieser Erfahrungen in ein sprachliches Konzept ist deswegen oft nicht möglich.[12] Hinzu kommt das Problem der vielfältigen Bezeichnungen und der nicht eindeutigen Entsprechungen in den völlig unterschiedlichen Sprachen und Vorstellungen, Praktiken, Gemeinschaften und Symbolen in Geschichte und Gegenwart. Die Rückführung zu einem Konzept von Religion nehmen deswegen schliesslich doch die Forschenden vor.

Aufschlussreicher ist es angesichts der vielschichten Annäherungen an Religion, die die Forschungsgeschichte hervorgebracht hat, diese Sachlage nicht als Symptom für die Verflüchtigung des Gegenstands zu betrachten, sondern gerade umgekehrt als Ausdruck intellektueller Lebendigkeit.[13] Die Konzepte von Religion aus verschiedenen Forschungsrichtungen und Epochen bilden einen Fundus, mit dem wir heute versuchen können, unterschiedliche Dimensionen des Phänomens wie auch unterschiedliche Arten des (wissenschaftlichen) Umgangs mit Religion zu erfassen und zu fokussieren.

Je nach Fragestellung und theoretischem Horizont kann sich die eine Strategie besser bewähren als die andere. Darüber hinaus können wir aus dem Vergleich der Zugänge zu Religion in der Forschungsgeschichte und in der heutigen Forschungspraxis eine wohltuend – aber auch notwendige – kritische Sicht darauf gewinnen, was ein bestimmter Religionsbegriff ermöglicht und wo seine Grenzen liegen.[14]

Religion – ein stark beanspruchtes Wort

Der Zugang, der hier im Zentrum der Reflexion steht, nähert sich Religion im Kontext der Kultur.[15] Wie Religion lässt sich auch Kultur nicht eindeutig umreissen. In Anlehnung an eine etablierte und differenzierte Forschungstradition wird hier beim Verhältnis von Religion und Kultur (deren beider Konzepte erst diskursiv zu bestimmen sind) eine Perspektive auf gesellschaftliche Praktiken entworfen. Demnach wird Religion immer innerhalb eines kulturellen Kontextes untersucht, als Teil der Produktion kultureller Bedeutungen.[16] Diese Annahme ist folgenreich.

Erstens setzt sie auf der Ebene der Phänomene voraus, dass Religion *mit anderen Sphären* wie beispielsweise der Politik, dem Recht, der Medizin, den Medien, der Kunst, der Wirtschaft oder der Unterhaltungsindustrie eng *verflochten* ist.[17] Deswegen kann Religion in diesen Wechselwirkungen nur in der Verbindung mit einem theoretischen Zugang mit präziser Fragestellung bestimmt werden. Auf diesen Punkt werden wir später zurückkommen.

Des Weiteren – das ist der zweite Punkt – ist Religion, wenn sie mit den anderen Bereichen der Kultur vernetzt ist, auch *mit der Wissenschaft verknüpft.* Hier taucht die selbstreflexive Dimension dieses kulturwissenschaftlichen Ansatzes auf.[18] Die Erforschung von Religion in der Kultur muss der Tatsache Rechnung tragen, dass auch Religionsforschende immer aus einem kulturellen Kontext heraus argumentieren, aus dem sie prinzipiell nicht ausbrechen können: Sie können sich nur kritisch damit auseinandersetzen. Deswegen darf man den Konstruktionscharakter jeder Religionstheorie und die jeweilige Einbettung in bestimmte kulturelle und soziopolitische Dimensionen nie aus den Augen verlieren.[19]

Drittens wird in diesem Ansatz, der das enge Verhältnis von Religion und Kultur fokussiert, besonders auf *kommunikative Prozesse* geachtet. Dabei wird Kultur, in Anlehnung an die Kulturwissenschaftlerin Aleida Assmann, als «alles, was im Zusammenleben von Menschen der Fall ist» verstanden.[20] Der Soziologe Stuart Hall betont, dass ein solch offenes und breites Konzept von Kultur ermöglicht, sowohl Dinge als auch Praktiken darunter zu subsumieren; der Fokus auf das Tun, auf die Praxis ist dabei allerdings besonders relevant. Kultur erfasst er als Produktion und Austausch von Bedeutungen: «Thus culture depends on its participants interpreting meaningfully what is happening around them, and ‹making sense› of the world, in broadly similar ways.»[21]

Die Kommunikationsprozesse, die in diesem theoretischen Paradigma im Zentrum stehen,[22] werden als vielfältige, dynamische Prozesse erfasst, die sich in vielen «Sprachen» artikulieren: Texte und Sprache im eigentlichen Sinn, aber auch Bilder, Architektur, Musik, Gegenstände, Körper und Kleidung sind Beispiele dafür.[23] Religion ist ein Teil dieser Kommunikation; sie gestaltet kulturelle Bedeutungsprozesse mit. Erweitert man den Blick auf alle Medien und Ebenen, durch die religiöse Bedeutung produziert und gestaltet wird, stellt sich nicht nur die Frage nach der Bestimmung von Religion, sondern auch jene nach der Korrespondenz von Religion als sprachliches Abstraktum mit anderen Formen der Kommunikation, die nicht sprachlicher Natur im engeren Sinn sind. Das lässt sich gut mit dem Beispiel visueller Kommunikation illustrieren.[24]

Religion als Teil der Kultur zu erforschen, bringt somit eine erhebliche Erweiterung des Forschungsfeldes auf zahlreiche Bereiche einer Gesellschaft mit sich: Sie beschränkt sich nicht nur auf religiöse Institutionen und Organisationsformen. Darüber hinaus erweitert sie den Blick auf unterschiedliche Medien, die als Quellen religionswissenschaftlicher Rekonstruktion dienen. Daher verlangt dieser Ansatz nach einer ständigen Reflexion des eigenen wissenschaftlichen Standpunkts. Doch diese Öffnung des religionswissenschaftlichen Blicks bedeutet keine Verflüchtigung des Gegenstands, sondern bildet die Voraussetzung, um Entdeckungen zu ermöglichen – was für die Forschung enorm wichtig ist!

Um bei einer Analyse die Verflechtungen von Religion zu entwirren, kann es weiterführend sein, die verschiedenen Perspektiven auf Religion zu unterscheiden, die in einer Kultur koexistieren und sich gegenseitig beeinflussen. Besonders relevant scheint mir, eine *emische*, eine *öffentlich-mediale* und eine *wissenschaftliche* Perspektive auf Religion hervorzuheben.

Die erste Perspektive geht von Innensichten von Menschen, Gemeinschaften oder Traditionen aus; die zweite fokussiert auf Vorstellungen von Religion, die in der Öffentlichkeit unter dem Einfluss von medialen und politischen Diskursen geprägt werden; die dritte umfasst die wissenschaftlichen Verfahren, mit denen die ersten zwei Perspektiven untersucht werden.[25]

Religion in emischer Perspektive

«Religion» ist in vielen Sprachen ein alltägliches, umgangssprachliches Wort. In den romanischen und in den germanischen Sprachen erkennt man die gemeinsame etymologische Entwicklung ausgehend vom lateinischen Begriff *religio*, der in der Antike ein breites Bedeutungsspektrum aufwies und sich im Laufe von Jahrhunderten und Kulturen stark veränderte:[26] *Religio* bezeichnet in der klassischen Antike die «gewissenhafte Beachtung dessen, was die Götter von den Menschen verlangen»,[27] den angemessen Kult. Im frühen Christentum bezieht sich *religio* auf die Beziehung von Menschen zu Gott, wenn auch die Bedeutung der kultischen Gottesverehrung nicht verschwindet.[28] In anderen Sprachen haben sich häufig Begriffe etabliert, die in Kulturkontakt und -austausch als mehr oder weniger passende Äquivalente in die alltägliche Kommunikation eingeflossen sind, wie *thriskía* im Neugriechischen oder *dīn* im Arabischen. In jeder Sprache weisen diese Worte jedoch unterschiedliche Konnotationen und Akzentuierungen auf und gehören verschiedenen semantischen Sphären an.[29]

In Standardwörterbüchern findet man unterschiedliche Erklärungen des Wortes. Beispielsweise bezeichnet das französische *religion* gemäss *Le Petit Robert* das

> I. Ensemble d'actes rituels liés à la conception d'un domaine sacré distinct du profane, et destinés à mettre l'âme humaine en rapport avec Dieu. [...] 1. La religion: reconnaissance par l'homme d'un pouvoir ou

d'un principe supérieur de qui dépend sa destinée et à qui obéissance et respect sont dus; attitude intellectuelle et morale qui résulte de cette croyance, en conformité avec un modèle social, et qui peut constituer une règle de vie. [...] 2. Attitude particulière dans les relations avec Dieu. [...] 3. Une religion: système de croyances et de pratiques, impliquant des relations avec un principe supérieur, et propre à un groupe social. [...] 4. Fig. Sentiment de respect, de vénération ou sentiment du devoir à accomplir (comparés au sentiment religieux); objet d'un tel sentiment. II. Dans le christianisme, vie consacrée à la religion, par des voeux; état de religieux, de religieuses.[30]

In *The Concise Oxford Dictionary* kann man unter *religion* nach-lesen:

1. the belief in a superhuman controlling power, esp. in a personal God or gods entitled to obedience and worship. 2. the expression of this in worship. 3. a particular system of faith and worship. 4. life under monastic vows (the way of religion). 5. a thing that one is devoted to (football is their religion) [...].[31]

Hinter diesen Definitionen ahnt man einerseits den Einfluss bestimmter theoretischer Diskurse, die die jeweilige sprachliche Fachtradition hervorgebracht hat, andererseits den Versuch, alles Mögliche zu erfassen, was in der (Alltags-)Sprache mit Religion zusammenhängt.

Das Wort Religion wird im Alltag durch Einzelpersonen wie Gemeinschaften breit und unterschiedlich verwendet. Dazu kommt, dass eigene Praktiken, Überzeugungen, Ideen oder Erwartungen, die subjektiv irgendwie mit Religion assoziiert werden könnten, gar nicht unter dem Begriff Religion verhandelt werden: Religiosität, Spiritualität, Ritual, Glaube, Über-zeugung, Weltanschauung und Ähnliches werden auf Deutsch häufig als Synonym verwendet. Manchmal aber sollen sie auch einen Gegensatz signalisieren: Menschen können sich beispiels-weise als «spirituell» in Abgrenzung zu «religiös» definieren.[32] Wie Menschen oder Gemeinschaften ihre Praktiken, Überzeu-gungen und Reflexionen beschreiben, ist sehr variabel. Es hängt, wie bereits angedeutet, von der Gestalt der einzelnen Sprache ab, den Differenzierungen und Nuancierungen, die jeweils möglich sind. Doch auch die jeweilige Epoche, die politische Lage, die soziale Zugehörigkeit, das Geschlecht sowie die Art und Weise des Zugangs haben einen Einfluss darauf, was man in emischer Perspektive unter Religion versteht.[33] Religiöse Fachleute verwenden häufig andere Ausdrucksweisen als Menschen, die den Bezug zu Religion durch bestimmte Gegenstände, Tätigkeiten oder Handlungen herstellen. Ein bestimmtes Ritual, ein besonderer Geruch, ein Gegenstand, eine Essware oder eine körperliche Tätigkeit sind für Institutionen oder Individuen Teil einer religiösen Praxis und Orientierung, ohne dass dies von den Einzelnen intellektuell analysiert und verortet sein muss. Manche verstehen bestimmte Rituale als kulturelle Praxis im Sinne eines Brauchtums, wiederum andere als Ausdruck eines existenziell verbindlichen Bekenntnisses. In offenen, liberalen Demokratien wird die Verbindung zu Religion anders gestaltet sein als in Gesellschaften, in denen keine Religionsfreiheit herrscht.

In emischer Perspektive wird Religion selten neutral verwendet, sondern meist mit wertenden Konnotationen verbunden. Beispielsweise im Gegensatzpaar Religion–Aberglaube wird «Religion» meistens positiv konnotiert, als Bezug des Menschen zur Transzendenz, während «Aberglaube» eine abwertende Haltung gegenüber Praktiken zum Ausdruck bringt, die als vor- oder irrational betrachtet werden.[34] Das nur als ein Hinweis von unzähligen möglichen Hinweisen darauf, wie vielfältig Religion in der Innensicht sein kann.

Zur Komplexität der emischen Dimension von Religion tragen nicht nur die vielfältigen Zugänge zum Eigenen bei, sondern auch der Umgang mit Überzeugungen, Traditionen oder Praktiken von anderen. Je nach Epoche, Kultur und Kontext sind damit idealisierende oder abwertende Haltungen verbunden. Die Geschichte der gegenseitigen Wahrnehmung von Judentum, Christentum und Islam liefert zahlreiche konstruktive und destruktive Illustrationen dazu. Ein weiteres Beispiel ist der Umgang

mit fremden Religionen in der frühen Neuzeit: Hier diente der
pejorativ verstandene Begriff der Götzenanbetung oder Idolatrie
als Bezeichnung für andere, als problematisch geltende Praktiken
und Traditionen, denen der Status von Religion verwehrt und
somit jede Form der Vergleichbarkeit mit der eigenen, «wahren»
Religion, dem Christentum, grundsätzlich abgesprochen wurde.[35]
Ein gegenläufiges Beispiel liefert die europäische Faszination für
das Yoga, eine Praxis, deren Wurzeln in religiösen indischen Traditionen liegen, die sich im 20. und 21. Jahrhundert global verbreiteten.[36]

Religion wird jedoch auch in der Abgrenzung oder radikalen
Negation verhandelt: Keine Religion zu haben, kann als Befrei-
ung von etwas gelten, das als altertümlich, vormodern, zu Gewalt
anstiftend verstanden wird. Oder auch als etwas Unnötiges, das
beispielsweise mit einem (natur-)wissenschaftlichen Weltbild
nicht vereinbar ist.[37] Auch diese Diskurse sind relevant in der
Auseinandersetzung mit emischen Perspektiven auf Religion.

Die Innensicht von Individuen oder Institutionen auf das,
was als Religion in der Alltagssprache oder in der Sprache von
Fachleuten angesprochen wird, ist also keineswegs homogen, und
sie kann sich auf Bereiche erstrecken, in denen das Medium der
Sprache nicht greift.[38]

Für die akademische Religionsforschung ist die genaue
Betrachtung dieser Ebene elementar wichtig: Mit einer emischen
Perspektive auf Religion setzt man sich den vielfältigen Arten und
Weisen aus, wie Menschen und Gemeinschaften religiöse Praxis
und religiöse Ideen von sich selbst, von der eigenen Gemeinschaft
oder von anderen religiösen Traditionen erfassen. Diese dichte,
keineswegs homogene emische Dimension prägt darüber hinaus
Religions- und Kulturkontakte im Austausch wie im Konflikt und
auch die Aushandlungen von Korrespondenzen oder Inkompati-
bilitäten.

Diskurse von und über Religion werden immer auch an den
Schnittstellen zu anderen gesellschaftlichen Sphären geprägt. Das
illustriert etwa der Umgang mit Gesundheit, Krankheit und Hei-

lungsprozessen im Kontext der verschiedenen medizinischen und therapeutischen Möglichkeiten in der heutigen Gesellschaft.[39] Auch die bewusste Abgrenzung oder Negation von Religion charakterisiert die Art und Weise, wie Menschen und Gruppierungen das leben, diskutieren oder kritisieren, was wir Forschende mit einer gewissen Zurückhaltung «Religion» nennen.

Bei der Untersuchung der emischen Perspektive auf Religion begegnet man also unterschiedlichen Praktiken und Vorstellungen, Erwartungen und Erinnerungskulturen, Sprachen und Gewohnheiten und der virulenten Dynamik von Identitätsprozessen.

Religion in öffentlich-medialer Perspektive

Die Herausforderung bei der wissenschaftlichen Erforschung von Religion besteht nicht nur in den vielfältigen emischen Aspekten. Auch in gesellschaftlichen Sphären ausserhalb der religiösen Eigenwahrnehmung wird das Wort Religion in sehr unterschiedlichen Bedeutungen verwendet. Somit erhält der Begriff zusätzliche Ebenen und Konnotationen. In einer zweiten Perspektive auf Religion fokussieren wir nun auf solche Verwendungen, insbesondere diejenigen, die die öffentlich-medialen Diskussionen über Religion prägen.

Das Rechtssystem operiert mit dem Wort Religion. Im Grundgesetz der Bundesrepublik Deutschland wird in Artikel 4 die Religionsfreiheit als Grundrecht festgelegt:

1 Die Freiheit des Glaubens, des Gewissens und die Freiheit des religiösen und weltanschaulichen Bekenntnisses sind unverletzlich.

2 Die ungestörte Religionsausübung wird gewährleistet.[40]

Die Schweizer Bundesverfassung legt dieses Grundrecht im Artikel 15 fest:

1 Die Glaubens- und Gewissensfreiheit ist gewährleistet.

2 Jede Person hat das Recht, ihre Religion und ihre weltanschauliche Überzeugung frei zu wählen und allein oder in Gemeinschaft mit anderen zu bekennen.

3 Jede Person hat das Recht, einer Religionsgemeinschaft beizutreten oder anzugehören und religiösem Unterricht zu folgen.

4 Niemand darf gezwungen werden, einer Religionsgemeinschaft beizutreten oder anzugehören, eine religiöse Handlung vorzunehmen oder religiösem Unterricht zu folgen.[41]

Was als Religion gilt und was nicht, ist stark von diesen grundlegenden Gesetzen beeinflusst, die hier exemplarisch für demokratische Systeme zitiert werden. Diese Bestimmungen legen nämlich den gesetzlichen Rahmen fest, in dem unterschiedliche Auffassungen verhandelt werden müssen. Dies gilt vor allem dann, wenn Konflikte zwischen unterschiedlichen Grundrechten entstehen.

Die jüngsten Debatten über das Verhältnis von Religions- und Meinungsfreiheit sowie Religionsfreiheit und körperliche Integrität zeigen auf, dass Religionsausübung etwas ist, was einerseits von der Verfassung geschützt wird, andererseits nicht ganz eindeutig festgelegt werden kann.

Ist etwa eine religiös motivierte Beschneidung, rechtlich gesehen, ein Teil von Religion und soll sie deswegen geschützt sein? Oder stellt diese unwiderrufliche, tief eingreifende Veränderung des Körpers eine Verletzung der Integrität der Person dar und muss deswegen verboten werden?

Darf man die skurrile Karikatur eines Propheten in einer Tageszeitung veröffentlichen? Ist diese Art der Darstellung von Religion kompatibel mit der Glaubensfreiheit? Soll sie als Ausdruck der Meinungsfreiheit verstanden und geschützt werden?

Ist das Bauverbot von Minaretten in der Schweiz eine zulässige – oder sogar notwendige – Regulierung der Religionsaus-

übung? Ist sie kompatibel mit der Glaubensfreiheit?[42] Muss das
Tragen von religiösen Symbolen im öffentlichen Raum, insbe-
sondere von bestimmten Kleidern, gesetzlich reguliert werden?
Warum?[43]

Diese Fragen stehen im Zentrum von heissen Diskussionen und Konflikten. Damit werden öffentlich Vorstellungen
und Konzepte von Religion verhandelt. Die Debatten sind nicht
zuletzt einflussreich, weil sie den Umgang mit Religion in unterschiedlichen gesellschaftlichen Sphären, wie beispielsweise im
Bildungs-, Spitalwesen oder in den Medien, prägen und regulie-
ren. Darüber hinaus wird damit der Umgang von religiösen Institutionen, Gemeinschaften und Individuen mit der eigenen und
mit anderen Religionen gestaltet.

Nicht nur rechtliche und politische Diskurse prägen öffentliche Diskurse und Begriffe von Religion, sondern auch mediale
Herangehensweisen. Wie Religion in Zeitungen, elektronischen
Medien, im Film und der audiovisuellen Produktion und in den
vielen Medien der populären Kultur dargestellt wird, übt starken
Einfluss darauf aus, was wir unter Religion verstehen und wie wir
damit individuell und kollektiv umgehen.

Wie Religion in öffentlich-medialen Diskursen bestimmt
wird, beruht häufig auf Verallgemeinerungen und Stereotypen,
die gewisse Eigenschaften einer Tradition, Praxis oder Gemeinschaft als *pars pro toto* hochstilisieren und diese stark werten.
So kann das Kreuz in öffentlichen Gebäuden zum Zeichen *des*
Christentums, *der* Religion oder *der* sogenannten «christlichen
Leitkultur» interpretiert werden. Oder das Tragen eines Kopf-
tuchs wird pauschal mit *dem* Islam assoziiert und undifferenziert
als Unterwerfung der Frauen gedeutet.

Solche durch Medien verbreitete Allgemeinplätze sind –
glücklicherweise – nur ein Teil der öffentlich-medialen Auseinandersetzung mit Religion. Es gibt auch differenzierte mediale Diskurse, die unseren gesellschaftlichen und individuellen
Umgang mit Religion prägen. Für die wissenschaftliche Erforschung von Religion ist dieser Bereich besonders signifikant: Es

gilt hier primär zu eruieren, *wie* Religion medial verhandelt wird, welche Themen und normativen Konnotationen damit öffentlich sichtbar gemacht und debattiert werden.[44]

Mediale Diskurse über Religion sind allgegenwärtig. Von der Presse bis zur Fotografie, vom Radio, Fernsehen und Film bis hin zu YouTube-Videos, vom Comic bis zu Videogames im Internet: Überall werden Religionskonzepte medial verdichtet. Religion und Religionen, religiöse Vorstellungen, Praktiken und Gemeinschaften kommen in den unterschiedlichsten Adaptionen vor. Dabei sind normative Diskurse zentral. Medien prägen weitgehend, was in einer Gesellschaft als Religion gilt oder zu einer bestimmten religiösen Tradition gehört. Sie prägen aber auch, welche Bewertungen damit verbunden werden.[45] Dank der rasanten technologischen Entwicklung spielt mediale Kommunikation heute eine ganz andere Rolle als früher, was natürlich auch die mediale Repräsentation von Religion nachhaltig prägt. Beispielsweise wird das Smartphone zur persönlichen, mobilen, immer greifbaren Darstellungsplattform und zum Archiv der eigenen Biografie und des Medienkonsums. Ebenso hat die Interaktivität des Internets die Wechselwirkung von Medien und Religion wesentlich verändert.[46]

Mediale Annäherungen an Religion in ihrer Vielfalt konstituieren folglich einen wesentlichen gesellschaftlichen Ort der kritischen Auseinandersetzung mit religiösen Traditionen, Praktiken, Vorstellungen und Gemeinschaften.

Die Kunst, im umfassenden Sinn verstanden, gehört in diesen Kontext der medialen Verhandlung von Religion. Der Spielfilm, die Gegenwartskunst oder auch Museen spielen eine nicht zu unterschätzende Rolle. In der zeitgenössischen Gesellschaft sind sie Kristallisationspunkte, an denen zentrale Fragen zu Religion herausfordernd und kritisch diskutiert werden. Sie gestalten beispielsweise wesentlich mit, was man unter religiöser Vielfalt und Pluralität verstehen und wie man damit umgehen könnte.

Religion wird in diesen Bereichen häufig als zentrale Dimension von Kultur und Kulturen inszeniert oder aber als gemeinsames Erbe, das in künstlerischer Sprache neu interpretiert wird. Interessant ist hier zu beobachten, welche Dimensionen *von* und Zugänge *zu* Religion hervorgehoben werden und wie damit Religion gestaltet, verändert und öffentlich verbreitet wird.[47] Obwohl es hier nicht möglich ist, ins Detail zu gehen, möchte ich diese relevanten Aspekte von öffentlich-medialem Umgang mit Religion mit einem Beispiel veranschaulichen.

Vom November 2017 bis April 2018 war im British Museum in London die Ausstellung *Living with Gods. People, Places and Worlds Beyond* zu sehen. Angekündigt wurde sie mit folgendem Text:

> Beliefs in spiritual beings and worlds beyond nature, as well as the use of rituals, are characteristic of human societies everywhere. Today, some 4,000 religions engage about eighty-five per cent of the world's population. Looking at how people believe through everyday objects of faith, this exhibition provides a perspective on what makes religions a meaningful, vital and, perhaps, inevitable part of human behaviour and societies.[48]

Die Ausstellung präsentierte Religion anhand zahlreicher Objekte aus der Sammlung des British Museum und spannte einen Bogen aus frühgeschichtlicher Zeit bis heute:

> Seeing how people believe, rather than considering what they believe, suggests that humans might be naturally inclined to believe in transcendent worlds and beings. Stories, objects, images, prayers, meditation and rituals can provide ways for people to cope with anxieties about the world, and help form strong social bonds. This in turn helps to make our lives well-ordered and understandable.

> The exhibition includes objects of belief from societies around the world and through time. It begins with a remarkable 40,000-year-old mammoth ivory sculpture known as the Lion Man. depicting a lion's upper body on the lower half of a man, it is the oldest known image of a being that does not exist in nature. It is the earliest evidence we have

of beliefs and practices, and shows human's unique ability to commu-
nicate what's in our minds through objects.

Different areas of the show will look at key themes of belief. The significance of light, water, fire and energy is revealed, linked to the idea
that religious experience is governed by our senses. Objects reflect how
people connect to worlds beyond nature through the natural environ-
ment or in specially build spaces. Other objects show the power of
prayer, the importance of festivals and pilgrimage, and the marking of
key life experiences – birth, coming of age, marriage and death. The
long history of conflicts and coexistence between different religions
and beliefs is also explored.[49]

Der Katalog, die mit der Ausstellung verbundenen Sendungen
auf Radio BBC 4, aber vor allem die Schau selbst präsentieren ein
vergleichendes, universalisierendes Konzept von Religion, indem
sie ausgewählte Objekte aus ganz unterschiedlichen Zeiten und
Kulturen kombinieren. Interessant ist zu beobachten, dass auch
Kommunismus und die heutige Krise im Umgang mit Migration
integriert werden. Die Ausstellung zielt explizit darauf, Religion
als kohäsive Kraft der Gesellschaft vorzuführen. Die positive
Kraft von Religion wird mit der ästhetischen Erfahrung von ausgewählten, kostbaren Objekten kombiniert:

Together, the objects in the exhibition offer a fresh perspective on
practices of belief and how they are hugely important for societies, as
well as individual believers.[50]

Die Verbindung von ausgewählten Museumsgegenständen mit
aktuellen gesellschaftlichen Debatten und politischen Entwicklungen ist typisch für die mediale Prägung des Wortes Religion,
ebenso die klare Wertung von Religion in Geschichte und Gegenwart: Das Museum bestimmt mit dieser Ausstellung, dass Religion in der Menschheitsgeschichte und heute etwas grundsätzlich
Positives ist.

Ein weiterer, zentraler Aspekt der öffentlich-medialen Annäherung an Religion lässt sich an diesem Beispiel sichtbar machen.

Das British Museum pflegt als angesehene, öffentliche Institution mit einer starken Ausstrahlung auch ausserhalb Grossbritanniens das materielle kulturelle Erbe und verpflichtet sich – auch mit *Living with Gods. People, Places and Worlds Beyond* – der allgemeinen Bildung. Die implizite Aussage, dass der Mensch an und für sich ein *homo religiosus* sei und dass Religion zur sozialen Kohäsion führe, wurde jedoch – vor allem in den Medien – kontrovers rezipiert und debattiert.[51] Denn genauso wie bei den emischen Zugängen ist auch der mediale Umgang mit Religion diskursiver Natur.

Religion in wissenschaftlicher Perspektive

Mit der dritten Perspektive auf Religion schliessen wir den Kreis und kommen auf die anfängliche Frage der Leistungen und Grenzen (religions-)wissenschaftlicher Annäherungen an Religion zurück. Wissenschaftliche Konzepte zielen darauf, die emischen und öffentlich-medialen Ebenen in den Blick zu nehmen, zu klassifizieren, zu analysieren und zu verstehen. Die Vielfalt an Religionstheorien und -bestimmungen, die religionsbezogene Disziplinen in ihrer Geschichte hervorgebracht haben, kann hier unmöglich ausgebreitet werden. Jedoch möchte ich auf einige Strategien hinweisen, die weiterführend sind, um verschiedene Zugänge zu Religion zu klassifizieren und untereinander zu vergleichen.

Man kann Religionskonzepte anhand von *Themen* einordnen: Symbol, Identität, Kultur, Glaube, Praxis oder Macht sind geläufige Kategorien in diesem Zusammenhang.[52] Ebenso kann man sich einen Überblick über die wissenschaftlichen Zugänge zu Religion entlang *spezifischer disziplinärer Ausprägungen* in Religionsgeschichte, -soziologie, -geografie, -ökonomie, -psychologie, -philosophie, -ethnologie oder -ästhetik verschaffen.[53]

Möglich ist auch, Religionsdefinitionen *ausgehend von der Grundfrage* zu gliedern, die sie implizit oder explizit zu beantworten versuchen: Was macht Religion im Kern aus, was ist das Wesen der Religion? Kann man von einer kulturgeschichtlichen Evolution von Religion sprechen? Welche Funktion erfüllt Religion in der Gesellschaft? Wie hängt Religion mit der psychischen Konstitution des Menschen zusammen? Wie interagiert Religion mit der Kultur?[54]

Diese Fragen beziehen sich auf unterschiedliche klassische Positionen und führen zu verschiedenen Bestimmungen von dem, was als Religion untersucht werden kann.

In diesem Essay steht die letzte Frage im Zentrum: Wie interagiert Religion mit der Kultur? Ich möchte aufzeigen, wie man mit der Herausforderung von Religion in Interaktion mit der Kultur umgehen kann und zwar auf der emischen und der öffentlich-medialen Ebene wie im wissenschaftlichen Diskurs. In der wissenschaftlichen Annäherung möchte ich explizit über den Konstruktionscharakter von Forschung nachdenken, über die Verankerung in einer bestimmten forschungsgeschichtlichen, wissenschaftlichen und kulturellen Tradition sowie über die impliziten oder expliziten Interessen, die zu einer Forschungsfrage motivieren.[55] Damit wird auch deutlich, dass jeder akademische Zugang bestimmte Leistungen und Grenzen kennt und dass sich wissenschaftliche Perspektiven von den emischen und öffentlich-medialen dadurch unterscheiden, dass sie ihre Analyse im Kontext eines bestimmten Erkenntnisrahmens verorten und sich kritisch damit auseinandersetzen.

Wechselbeziehungen, Verbindungen und Brüche

Die Unterscheidung der drei ausgewählten Perspektiven, der emischen, öffentlich-medialen und der wissenschaftlichen, die ich hier vorgenommen habe, ist als heuristisches Verfahren zu verstehen, um ein viel und von vielen beanspruchtes Wort mit seinen Verästelungen in anderen Sprachen und Medien etwas zu klären und zu entwirren. Die unterschiedlich gearteten Zugänge

stehen jedoch in einer engen Wechselwirkung; sie alle sind Dis-
kursebenen, die sich in einer bestimmten Gesellschaft permanent
gegenseitig beeinflussen.[56]

Die oben erwähnte Ausstellung des British Museum illustriert
diese Wechselwirkung. Sie verbindet emische Perspektiven mit
Gegenständen aus diversen Epochen und Kulturen der Welt. Um
daraus ein zusammenhängendes Narrativ herzustellen, orientiert
sich das Kuratoren-Team an einer bestimmten wissenschaftlichen Betrachtung von Religion, die Religion als ein universales
Phänomen entwirft, das Individuen stärkt und gesellschaftliche
Kohäsion stiftet. Gleichzeitig liefert die Ausstellung eine pro-
filierte, politische Aussage, indem sie Religion als Grundele-
ment eines positiv konnotierten gesellschaftlichen Pluralismus
hervorhebt. Demnach wirkt sich Religion konstruktiv auf eine
Gesellschaft aus, in der vielfältige Orientierungen und Praktiken (inklusive des Kommunismus und Atheismus) das friedliche
Zusammenleben unterstützen.[57]

Die Verbindung und gleichzeitige Unterscheidung dieses
Umgangs mit Religion in der Kultur ist dann besonders ertrag-
reich, wenn man Religion nicht ausschliesslich auf intellektuelle
und rationale Dimensionen beschränkt, sondern sie als System
versteht, in dem Menschen eben nicht nur denken und reflektieren, sondern auch fühlen, trauern, sich freuen, handeln, sich
bewegen, schauen, hören, riechen, geboren werden oder alt
werden. Betrachtet man Religion als ein komplexes System von
Vorstellungen und Praktiken, dann erhalten auch Dimensionen
menschlichen Lebens und Kommunizierens eine zentrale Bedeutung, die nicht oder nicht nur intellektueller Natur sind.

Diese Art von Forschung setzt sich stark mit der pragmati-
schen Dimension von Religion auseinander. Sie achtet auf Handlungen, auf Medien und Kommunikationsformen, auf Dinge, auf
den Körper und die damit verbundenen Dimensionen, auf die
Kategorien von Raum und Zeit, auf Identitätsprozesse und auf
die Art und Weise, wie Traditionen geformt und weitergegeben
werden.

Damit wird das Untersuchungsfeld der Religionswissenschaft deutlich erweitert: Betrachtet man all diese Aspekte von Religion, wird ihr breitgefächerter und zugleich engmaschiger Einfluss auf Geschichte und Gegenwart sichtbar. Dieser Zugang stellt spezifische theoretische und methodologische Anforderungen, nicht zuletzt, weil damit Religion mit individuellen *und* kollektiven, materiellen *und* immateriellen Aspekten in Verbindung gebracht wird. Mit diesem Zugang wird Religion nicht nur mit religiösen Institutionen und Organisationen identifiziert, sondern als Teil des kulturellen Imaginären betrachtet.[58] Ein solcher Blick auf die vielfältigen Wechselwirkungen von Religion und Kultur ist zwingendermassen kaleidoskopisch. Er weist alle Konturen einer *mise en abyme* auf: Man öffnet eine Tür – und betritt einen Forschungsraum, in dem man viele weitere Pforten entdeckt.

III Plurale Zugänge zu Religion

Wie geht man mit einem so komplexen, vielfältigen und auch diffusen Wort, Begriff, Konzept um? Religion in der Kultur zu erforschen, setzt voraus, dass man Komplexität schätzt und sich nicht vor der Vielfalt scheut. Es besteht auch kein Grund, sich vor diesen Herausforderungen zu fürchten, denn die Religionswissenschaft ist nicht auf sich selbst gestellt, sondern hat ein akademisches Umfeld.

Eine Disziplin mit inter- und transdisziplinären Zügen

Betrachtet man die Vielfalt an Theorien über Religion und die Fülle an Zugängen aus der Forschungsgeschichte und aus dem kulturellen Umfeld, dann wird deutlich, dass Religionswissenschaft keine ausschliessliche Definitionsmacht über Religion beanspruchen kann. Das Phänomen Religion wird nämlich in vielen akademischen Bereichen untersucht. Dabei denke ich nicht nur an theologische Disziplinen, sondern beispielsweise an die Soziologie, Ethnologie, Philosophie, Politik-, Wirtschafts- und Medienwissenschaft, Archäologie, Kunstgeschichte und Bildwissenschaft, Psychologie, Geografie, die verschiedenen Sprach- oder Literaturwissenschaften. Daraus lässt sich schliessen, dass der Gegenstand Religion in seinem Facettenreichtum per se nach einer interdisziplinären Forschungshaltung verlangt: Religion in der Kultur kann nur im Dialog mit anderen Disziplinen untersucht werden.[59]

Die Kritikerinnen und Skeptiker unter den Lesenden werden möglicherweise denken, dass ich die Rolle der Religionswissenschaft relativiere. Warum sollte Religionswissenschaft kein Monopol auf den Untersuchungsgegenstand Religion beanspruchen? Ich denke nicht, dass ein disziplinärer «Besitzanspruch» im Hinblick auf Themen, Theorien oder Methoden weiterführend ist. Religionswissenschaft leistet einen konstruktiven Beitrag zur Erforschung von Religion – aber sie leistet ihn im Austausch mit vielen anderen Disziplinen.

Bereits die Entstehung der Religionswissenschaft als akademische Disziplin im Kontext der modernen Universität ist das Ergebnis interdisziplinärer Bemühungen. In der *Ersten Vorlesung*, die Friedrich Max Müller am 19. Februar 1870 an der Royal Institution in London hielt, betonte er die Notwendigkeit von Religionswissenschaft als «wissenschaftliches Studium der Religionen der Menschheit». In seinem Plädoyer zugunsten dieser neuen akademischen Disziplin schlug er vor, dass die Religionswissenschaft sich methodisch an der Sprachwissenschaft orientiere:[60] Bereits in diesem frühen Entwurf des Fachs teilt sie das Vergleichen als Methode mit anderen Fächern.[61]

Auch der Blick auf die «Klassiker der Religionswissenschaft» ist in diesem Zusammenhang aussagekräftig, denn in den entsprechenden Einführungen findet man (ausschliesslich männliche) Vertreter aus beinahe allen Geistes- und Sozialwissenschaften. In dem von Axel Michaels herausgegebenen Standardwerk von 1997 werden die Biografie und das Werk von 23 Persönlichkeiten besprochen, von denen nur wenige sich selbst als Religionswissenschaftler bezeichnet hätten – was natürlich nicht bedeutet, dass sie nicht dennoch Wesentliches zur Erforschung von Religion beigetragen haben.[62] Gleiches gilt für Jacques Waardenburgs *Classical Approaches to the Study of Religion*, das 1974 in erster Auflage und 2017 posthum in zweiter Auflage erschien: Hier wird ein umfangreicherer Kanon an Klassikern präsentiert als bei Michaels, dennoch sind viele dieser Gelehrten in anderen Disziplinen verankert.[63] Diese Sammlungen leisten Zweifaches: einerseits eine Einführung in Theorien, Methoden und Kontexte der Religionsforschung, andererseits einen Beitrag zur Bildung einer Identität der Disziplin. Es ist daher interessant festzustellen, dass der disziplinäre Kanon von klassischen Positionen im Kern interdisziplinär ist.

Gerade diese Pluralität an Zugängen zu Religion, die auf dem Weg zu einer akademischen Fachrichtung entstanden ist, ermöglicht der Religionswissenschaft, auf die verschiedensten Dimensionen von Religion zu fokussieren. Die Verbindung unterschiedlicher Theorien und Methoden sowie die Möglichkeit, durch den Dialog über die Disziplingrenzen hinaus Innovation in die fachinternen Debatten einzubringen, sind eine der Stärken der Disziplin. Sowohl ihre Entstehung im Kontext der modernen Universität als auch die heutigen Verfahren machen die Religionswissenschaft zum privilegierten Ort, um über Inter- und Transdisziplinarität sowie über Leistungen und Grenzen von wissenschaftlichen Paradigmen in den Geistes- und Sozialwissenschaften nachzudenken.[64]

Die Beziehung der Religionswissenschaft zu anderen geistes- und sozialwissenschaftlichen Disziplinen ist durch viele Faktoren bedingt. Eine wichtige Rolle spielt sicher die Tatsache, dass Religionswissenschaft auch innerhalb der gleichen sprachlichen und/oder nationalen akademischen Kultur an verschiedenen Fakultäten oder Instituten angesiedelt sein kann: beispielsweise an evangelischen oder katholischen theologischen Fakultäten, in den Kultur- oder Sozialwissenschaften, in den Altertumswissenschaften, in der Geschichtswissenschaft oder in der Philosophie. Von daher erstaunt es nicht, dass abhängig vom akademischen Umfeld, in dem religionswissenschaftlich gearbeitet wird, bestimmte Fragen und Themen, Positionen, theoretische Ansätze sowie methodische Verfahren in den Fokus rücken (und andere marginalisiert werden).[65] Auf religionswissenschaftlichen Kongressen wird diese Vielfalt jeweils deutlich sichtbar. Am besten kann man dies sehen bei den Tagungen der *International Association for the History of Religion*, der weltweiten Dachorganisation der nationalen religionswissenschaftlichen Fachorganisationen, die jedes fünfte Jahr, immer auf unterschiedlichen Kontinenten stattfinden.[66]

Eine Disziplin, die in so unterschiedlichen Kontexten verankert sein kann, entfaltet sich in viele Richtungen. In zahlreichen Einführungen in die Religionswissenschaft wird die Disziplin deswegen als Zusammenschluss verschiedener «Unterdisziplinen» wie der Religionsgeschichte, -soziologie, -ethnologie, -geografie, -phänomenologie, -ästhetik oder -philosophie präsentiert.[67]

Je nachdem welche Fragen durch die akademische Verankerung im Zentrum stehen oder im nationalen und sprachlichen Kontext als wichtig erachtet werden, kann das, was man im deutschen Sprachraum «Religionswissenschaft» nennt, andere Namen tragen. Im Englischen findet man *Study of Religion*, *Religious Studies* oder schlicht *Religion*. Nicht immer werden diese Benennungen als Synonyme betrachtet, sondern verweisen auf unterschiedliche Konzepte der Disziplin: *Study of Religion* gilt als Entsprechung der deutschsprachigen «Religionswissenschaft», *Religious Studies* oder *Religion* können – müssen aber nicht – verschiedene Formen theologischer Arbeit umfassen. Das Spiel von Singular (*study*) und Plural (*studies*) findet sich beispielsweise auch im Französischen, Italienischen oder Spanischen: *science / scienza / ciencia* kommen ebenso vor wie *sciences / scienze / ciencias*. Der Plural betont die Vielfalt an Zugängen, während der Singular die Einheit der Disziplin hervorhebt. Aber auch «Religion» wird in vielen Sprachen entweder im Singular verwendet (als Verweis auf ein Phänomen) oder im Plural (als Verweis auf die Vielfalt der historischen und zeitgenössischen Formen).

Diese unterschiedlichen Ausprägungen, die durch die verschiedenen Namen bezeichnet werden, markieren die enge Verbindung von Religionswissenschaft mit anderen Bereichen des Wissens. Interdisziplinär ist die Religionswissenschaft, weil sie in enger Zusammenarbeit mit anderen Fächern bestimmte Phänomene untersucht. So ist beispielsweise die Interaktion zwischen Geschichts- und Religionswissenschaft oder mit den verschiedenen Sprach- und Literaturwissenschaften ganz zentral für religi-

onswissenschaftliche Forschung. Ähnliches gilt für die Wechselwirkung mit der Soziologie, der Ethnologie oder Anthropologie,
der Psychologie, der Kulturgeografie oder der Kunstgeschichte
(diese Liste liesse sich natürlich erweitern). In dieser Form von
Interdisziplinarität werden Grundverfahren anderer Disziplinen
angewandt und das jeweilige Wissen im Hinblick auf die Rekonstruktion religiöser Zusammenhänge auf religionstheoretischem
Hintergrund untersucht.

Der Übergang dieser Forschungspraxis zu transdisziplinären
Verfahren ist fliessend: Durch den regen Austausch, der, wie wir
oben gesehen haben, forschungsgeschichtlich verankert ist, entstehen neue theoretische und methodologische Gebilde. In der
Verschmelzung und gegenseitigen Bereicherung unterschiedlicher disziplinärer Vorgehen und Wissensbestände kann Religion
in ihrer Komplexität adäquat untersucht werden. Ich denke, dass
diese inter- und transdisziplinären Züge wesentlich zur Identität
der Disziplin beitragen.[68]

Im Kern oder an den Rändern

Religionswissenschaft hat somit ein Repertoire von theoretischen
Annäherungen und methodologischen Verfahren erarbeitet, die
ihr erlauben, unterschiedliche und vielschichtige Diskurse um
Religion zu analysieren und zu verstehen. Der vergleichende
Charakter und die Verbindung von empirischen Phänomenen
und theoretischer Reflexion kennzeichnen ihr Vorgehen, ebenso
die Fähigkeit, sozial-empirische und kulturwissenschaftliche, historische und gegenwartsbezogene Methoden zu verbinden und
anzuwenden.

Mehrmals habe ich auf die Vielschichtigkeit und die Schwierigkeiten einer Definition von Religion hingewiesen und heuris-
tische Unterscheidungen eingeführt. Ich habe argumentiert, dass
der wissenschaftliche Umgang mit Religion dadurch gekenn-
zeichnet ist, dass er stets selbstreflexiv ist: Der Kontext und der

Konstruktionscharakter werden immer mitreflektiert. An dieser Stelle möchte ich nun die Aufmerksamkeit von der Frage nach der Bedeutung und Leistung von Religion in der akademischen Forschung zur Frage nach der Bedeutung und Leistung einer «Definition» lenken. Was geschieht, wenn man Religion *definiert*? «Definition» könnte vielleicht suggerieren, dass Religion etwas sei, was ganz eindeutig festzulegen ist, dessen Konturen deutlich nachgezeichnet werden können. Nach dem, was ich vorher erläutert habe, erscheint eine solch eindeutige Festung des Begriffs Religion illusorisch. Dennoch ist es nützlich, sich in jeder Forschung zu überlegen, wie man mit Religion umgeht und welche Aspekte im Vordergrund stehen sollen.

In ihrem Werk *Travelling Concepts in the Humanities* von 2002 weist die Künstlerin und Wissenschaftlerin Mieke Bal die Notwendigkeit, mit klar umrissenen Konzepten zu arbeiten, wie folgt auf:

> But because they [the concepts] are key to intersubjective understanding, more than anything they need to be explicit, clear, and defined. In this way everyone can take them up and use them. [...] Concepts, often precisely those words outsiders consider jargon, can be tremendously productive. If explicit, clear and defined, they can help to articulate an understanding, convey an interpretation, check an imagination-run-wild, or enable a discussion, on the basis of common terms and in the awareness of absence and exclusions. Seen in this light, concepts are not simply labels easily replaced by more common words. So far, this is a standard view of the methodological status of concepts. But concepts are neither fixed nor unambiguous.[69]

Mieke Bal argumentiert im Kontext eines kulturanalytischen, dezidiert interdisziplinär ausgerichteten Ansatzes. In der Bestimmung eines Konzeptes betont die Autorin insbesondere die Interaktion zwischen Konzepten und dem, was man damit untersuchen möchte:

But concepts can only do this work, the methodological work that disciplinary traditions used to do, on one condition: that they are kept under scrutiny through a confrontation with, not application to, the cultural objects being examined. For these objects themselves are amenable to change and apt to illuminate historical and cultural differences. The shift in methodology I am arguing for here is founded on a particular relationship between subject and object, one that is not predicated on a vertical and binary opposition between the two. Instead, the model for this relationship is interaction, as in «interactivity». It is because of this potential interactivity – not because of an obsession with «proper» usage – that every academic field, but especially one like the humanities that has so little in the way of binding traditions, can gain from taking concepts seriously.[70]

Die theoretische Arbeit am Konzept von Religion ist notwendig. Damit ist jedoch nicht gemeint, dass *ein* Zugang zu Religion ein für alle Mal festgelegt werden muss. Das Ziel einer Definition ist vielmehr, den Fokus der Analyse zu klären, um öffentlich-mediale, emische oder andere religiöse Diskurse sowie ihre Interaktionen untereinander zu erfassen. Je nachdem, ob Handlungen, Gegenstände, Rituale, religiöse Institutionen, diachrone Entwicklungen, ausdifferenzierte Gesellschaften des 21. Jahrhunderts oder mittelalterliche Schriften untersucht werden, muss das Konzept von Religion anders umrissen werden. Die Verbindung der Fragestellung mit den passenden Methoden spielt eine ganz zentrale Rolle.

Eine Religionsdefinition kann nie allgemeingültig sein. Sie ist ein Produkt der Forschenden, die mit diesem Instrument kulturellen Phänomenen auf der Spur sind. Wie oben bereits angedeutet, kennzeichnet die explizite Reflexion die wissenschaftliche Verwendung des Religionsbegriffs: Der Konstruktionscharakter des Konzepts und die Abstimmung auf bestimmte Fragen, theoretische Horizonte und Methoden gehört zwingend dazu. Aus diesem Grund wirken wissenschaftliche Religionsbegriffe auf öffentlich-medialer und emischer Ebene oft fremd oder schwer nachvollziehbar.[71]

Von Forschungsfragen und Religionskonzepten

Der hier skizzierte Weg zielt darauf ab, die Spannung zwischen den vielfältigen Diskursen von und über Religion in einer Gesellschaft und der wissenschaftlichen Klärung des theoretischen Hintergrunds nicht aus den Augen zu verlieren. Dabei lässt sich auf das reiche Repertoire an Möglichkeiten rekurrieren, die durch den inter- und transdisziplinären Charakter der Religionswissenschaft gegeben sind und den Dialog mit anders ausgerichteter Religionsforschung in den Geistes- und Sozialwissenschaften weiterführen.

Dagegen gibt es natürlich auch Einwände, die auf Grenzen und wichtige Probleme hinweisen. Man könnte beispielsweise argumentieren, dass der Konstruktionscharakter Phänomene zu Religion macht, die gar nicht religiös sind, also kurz gefasst, dass Religionswissenschaft «Religion» produzieren würde. In diesem Sinn würde die Theorie Realität schaffen; manchmal spricht man deswegen von einer Reifizierung. Dieser Gefahr kann man entgegenwirken, indem man die Interaktion (und nicht die Identifizierung!) von Konzept und Objekt bedenkt, die Mieke Bal im obigen Zitat in Erinnerung ruft. Das theoretische Konzept bildet einen Rahmen, in dem Analyse und Verstehen stattfinden. Es beeinflusst Vorgehen und methodische Strategien, bleibt aber nur eine Betrachtungsweise. Damit werden die Phänomene auf die eigenen, inneren Diskurse hin untersucht. Die Differenz – aber auch die möglichen Verbindungen – zwischen Konzept und emischen, medialen, politischen, ökonomischen Religionsdiskursen muss stets reflektiert und sichtbar gemacht werden.

Eine etwas anders gelagerte Kritik macht darauf aufmerksam, dass der Konstruktionscharakter dazu führen kann, dass alles Mögliche auf Religion hin untersucht wird: Alles, vom Sport bis zum Konsum, von der Wellness bis zum Essen, wird zum Gegenstand religionswissenschaftlicher Arbeit. Dies würde die Disziplin durch den Verlust an analytischer Schärfe banalisieren. Richtig an diesem Vorwurf ist, dass man sich Rechenschaft ablegen sollte, warum man überhaupt eine bestimmte Frage stellt. Warum könnte es spannend sein, bestimmte Verhaltensweisen im Sport oder Aspekte des Kapitalismus religionswissenschaftlich zu untersuchen? Welchen Beitrag könnte eine religionswissenschaftliche Untersuchung leisten?[72] Tut man das aber, muss eine Ausweitung des Forschungsfeldes keineswegs zu analytischer Unschärfe führen.

In der Tat stellen sich einige Herausforderungen, wenn man sich Religion wissenschaftlich nähert und diese Perspektive in Bezug zu emischen, öffentlich-medialen und anderen Perspektiven auf Religion setzt. Welche Auswirkungen aber hat das intellektuelle Interesse auf das vielschichtige Phänomen Religion selbst? Welche normativen Dimensionen sind im Spiel, wenn man sich der Wechselwirkung von Religion und Kultur wissenschaftlich annähert? Diese Fragen nehme ich im letzten Teil des Essays ins Blickfeld.

IV Reflexion des eigenen Standpunkts

Ich habe bis jetzt dargelegt, dass eine kulturwissenschaftlich orientierte Religionswissenschaft, die sich für Religion als eine Dimension von Kultur interessiert, mit zahlreichen Bereichen menschlichen Lebens und der Gesellschaft verwoben ist. Im Zentrum stehen die verschiedenen Diskurse von und über Religion und ihre Wechselbeziehungen: Wie verstehen Individuen und Gemeinschaften eigene Religion und andere Religionen? Wie wird Religion auf öffentlich-medialer Ebene verhandelt? Wie vermögen wissenschaftliche Konzepte sie zu erfassen und zu analysieren?

Diese Betrachtung legt den Fokus auf den performativen Aspekt von Religion: Religion wird demnach als eine kulturelle Praxis betrachtet. Religiöse Symbolsysteme konstituieren sich durch vielfältige Medien und mehrschichtige, redundante Kommunikationsprozesse. In dieser kommunikativen Praxis werden Grenzen menschlicher Existenz erfahrbar gemacht, umfassende Weltbilder gestaltet, verhandelt und weitergegeben. In ihr sind Vorstellungen von Körper, Zeit und Raum, von Identitätsprozessen und Erinnerungskulturen verankert, durch sie werden sie gestaltet. In dieser symbolischen Kommunikation ist die Spannung von Tradition und Innovation zentral: Religiöse Gemeinschaften passen sich stets den gesellschaftlichen Veränderungen an und können somit den Wechsel der Generationen überdauern. Tradierungsprozesse können sich über Jahrtausende und unterschiedliche gesellschaftspolitische Ordnungen dank ständiger Anpassungs- und Regulierungsprozesse fortsetzen.

Religion interagiert mit anderen kulturellen Bereichen, die ebenfalls umfassende Orientierung bieten, und setzt sich mit ihnen auseinander. Aufgrund der interdisziplinären Öffnung der Religionswissenschaft werden Theorien und Methoden angewandt, die es je nach Fragestellung erlauben, Religion zu analysieren, zu erklären oder zu verstehen. Aber von welchem Standpunkt aus arbeitet eine kulturwissenschaftlich ausgerichtete Religionswissenschaft? Und welche normativen Dimensionen regeln diese Art von Forschung?

Die Spannung zwischen einer deskriptiven Haltung und normativen Aspekten ist nicht spezifisch für die Religionswissenschaft: Sie betrifft die geistes- und sozialwissenschaftlichen Disziplinen überhaupt. Die Religionswissenschaft allerdings tut sich mit dieser Frage besonders schwer. In einem kulturwissenschaftlichen Ansatz geht man davon aus, dass die wissenschaftliche Perspektive auf Religion Teil der Kultur ist und Teil der vielfältigen Interaktionen, die oben beschrieben wurden. Das bedeutet, dass auch die wissenschaftliche Annäherung an Religion ihren Ort stets in partikulären staatlichen, sozialen, politischen, akademischen und individuellen Kontexten hat, die es zu reflektieren gilt. Eine wissenschaftliche Auseinandersetzung mit Religion kann deswegen nie neutral und objektiv sein, sondern ist immer in einem bestimmten Kontext verankert. Wie kann sie aber dann den Anspruch erheben, Religion «wissenschaftlich» zu erforschen?

Selbstreflexion als Ausgangspunkt

Diese Frage wird und wurde unterschiedlich beantwortet. Noch in den späten 1980er Jahren sprachen einige Fachvertreter von einer wertfreien, objektiven Haltung als Kriterium für Wissenschaftlichkeit. Damit versuchten sie, Objektivität als Garant für die Qualität der Forschung festzuschreiben.[73] Diese Position, nach der der Forscher von seinem «Objekt» ganz abgekoppelt ist, ist jedoch problematisch: Ohne einen bestimmten wissenschaftlichen Kontext, gesellschaftliche, kulturelle, sprachliche Voraussetzungen ist es kaum möglich, sich einem religiösen Symbolsystem in der Gegenwart oder Geschichte anzunähern. Auch der Umgang mit der Vielfalt an Medien, die Religion in der Kultur konstituieren, setzt voraus, dass man sich darauf einlässt: intellektuell, emotional, affektiv. Ebenso sind Forschende durch biografische, existenzielle Bedingungen, Erfahrungen und Vorverständnisse geprägt. Wie und ob man religiös sozialisiert wurde und mit welchen religiösen Praktiken und Systemen man vertraut ist, hat einen Einfluss auf die Auswahl der Themen und Ansätze.

In eine praktikablere Richtung gehen Forschende, die von «wissenschaftlichem Agnostizismus»[74] oder von «Involvierungsresistenz»[75] gegenüber den religiösen Phänomenen sprechen, die man untersucht, um die Frage nach der angemessenen Distanz gegenüber dem Feld zu beantworten. Diese Begriffe wecken jedoch Assoziationen, die problematisch sind: Involvierung in das Feld, das Nachvollziehen und Partizipieren sind nämlich wesentliche Dimensionen der Forschung, beispielsweise in Bereichen wie Kunst oder Religion oder aber in den auf Begegnung mit Menschen ausgerichteten sozialwissenschaftlichen Untersuchungen.

Trotz der Einwände betonen diese Positionen einen wichtigen Punkt im Verhältnis von Forschenden und Phänomenen: Die Beziehung muss wissenschaftlich gestaltet werden, es braucht eine angemessene Distanz zu dem, was man erforscht, damit die Art der Analyse und die entsprechenden Ergebnisse auch für andere nachvollziehbar sind.[76] Wissenschaftliches Arbeiten muss argumentativ begründet und kommunizierbar sein. Deswegen spielt das Offenlegen der theoretischen und methodischen Grundlagen einer Untersuchung eine zentrale Rolle, nicht nur in der Annäherung an ein bestimmtes Phänomen, sondern auch für die Selbstverortung der wissenschaftlichen Arbeit in hermeneutischer Hinsicht. Es braucht ein kritisches Nachdenken über den eigenen Standort und die Interpretationsprozesse, die mit der unausweichlichen Verankerung der Forschenden in einem bestimmten Kontext verbunden sind.

In der Religionsforschung ist man immer sehr aufmerksam
gegenüber dem eigenen religiösen Vorverständnis und den Überzeugungen, die dazu beitragen könnten, dem «anderen» in einem
Untersuchungsbereich mit bestimmten Wertungen zu begegnen.
Diese Aufmerksamkeit ist wichtig und begründet. Allerdings
sollten bei der Frage der Befangenheit auch weitere Faktoren mit-
bedacht werden. Ich denke beispielsweise an die finanzielle För-
derung und deren Einfluss auf wissenschaftliche Fragestellungen.

In den 1980er und 1990er Jahren machten religiöse Gruppierungen mit erschreckenden Taten auf sich aufmerksam: Kollek-
tiv(selbst)morde,   durchdringende   Missionierungskampagnen
unter Jugendlichen oder extreme Formen der exklusiven Zugehörigkeit zu einer religiösen Gemeinschaft wurden in den Medien
und in der Öffentlichkeit rege debattiert. Dementsprechend
wurde die Erforschung dieser Themen stark gefördert, in der
Erwartung, die Mechanismen dieser Gruppierungen zu verstehen und dies als Grundlage für gesellschaftspolitische Massnah-
men zu verwenden.

Durch die Krise im Tibet der 1950er Jahre und das Exil des
Dalai Lama rückte der tibetische Buddhismus in den Fokus
medialer Aufmerksamkeit und begründete eine positive Haltung
zu Tibet und der entsprechenden religiösen Gemeinschaft und
Tradition, was auch neue Möglichkeiten für die Forschung eröffnete. Ähnliche Wechselwirkungen zwischen der Tagesaktualität,
politischen und staatlichen Fragen, medial verbreiteten Themen
und der entsprechenden Wissenschaftsförderung gibt es heute zu
Themen wie Religion, Gewalt und Terrorismus, zum friedenstif-
tenden Potenzial von Religion oder zum Islam in Europa.

Ich möchte nicht bestreiten, dass es wichtig ist, Themen von
aktueller Brisanz zu erfoschen, sondern nur aufzeigen, wie stark
(Religions-)Wissenschaft von gesellschaftspolitischen Strategien
und Konstellationen geprägt ist. Auch deswegen kann die Vorstellung einer Distanzierung von jeglichem Kontext nur als Ideal
gelten, aber kaum in der Forschungspraxis umgesetzt werden.

Forschungsthemen erscheinen häufig als prioritär unter dem Druck von öffentlichen Debatten, hinter denen, sichtbar oder unsichtbar, normative Agenden nicht-wissenschaftlicher Natur stehen. Dabei werden bestimmte Narrative unkritisch übernommen und so behandelt, als ob sie eine rein deskriptive Haltung zu Religion wiedergeben würden. Die Frage nach den christlichen Werten einer Gesellschaft oder der heute überall zu hörende Diskurs über *den* Islam liefern aussagekräftige Beispiele dafür.

Verzichtet man auf die Reflexion des eigenen Standpunkts, sind blinde Flecken mit weitreichenden Konsequenzen die Folge.

Gender als blinder Fleck

So ein blinder Fleck der Religionswissenschaft liegt in ihrem Umgang mit der Frage nach Geschlecht. Untersucht man Religion nicht nur über Textsammlungen und deren Tradierung, die im Zentrum vieler Traditionen stehen, sondern umfassender als religiöses Symbolsystem im Kontext des weiteren kulturellen Umfelds, dann wird schnell deutlich, dass Religion nicht nur männliche Gelehrte betrifft. Religion spielt eine Rolle für Gemeinschaften und Individuen, Männer, Frauen und – besonders im religiösen Bereich – Menschen, die mit anderen Formen von Geschlecht verbunden werden.[77] Auf der individuellen Ebene verändert sich der Bezug zum religiösen Symbolsystem im Laufe des Lebens, von der Kindheit bis zum Tod – und sogar darüber hinaus. In den verschiedenen Phasen einer Biografie transformieren sich aber auch religiös legitimierte Geschlechterrollen: Das Verhalten von Kindern und Jugendlichen, von erwachsenen Frauen und Männern in der Ehe, im weiteren Kontext der Verwandtschaft oder im Kontext spezifischer religiöser Funktionen ist in vielen religiösen Traditionen und Gemeinschaften deutlich vorgegeben, normiert, und, bei Verletzung der Regeln, sanktioniert. Nicht in allen Religionen verfügen Individuen oder Gruppen verschiedenen Geschlechts über den gleichen Zugang zu Wissen oder zu bestimmten Praktiken; unterschiedliche, geschlechtsspezifische Normen und Werte prägen das (religiöse) Leben und den Alltag. Beispielsweise sind die Regulierung des Körpers, der Kleidung und des Umgangs mit Leiblichkeit eng mit der Geschlechtszugehörigkeit verbunden. Auch Fragen von Sexualität, von Machtverhältnissen oder der Organisation von gesellschaftlichen Hierarchien müssen auf dem Hintergrund der Verbindung von Religion und Geschlecht untersucht werden.

Das sind nur wenige Hinweise. Sie reichen jedoch aus, um aufzuzeigen, wie wichtig das Geschlecht und die Gender-Theorien für die wissenschaftliche Auseinandersetzung mit Religion sind.[78] Auch jenseits von religiösen Institutionen ist Religion wesentlich für die Bestimmung von Geschlecht und die entsprechenden Zugehörigkeiten, Rollen und Wertungen. Im Kontext der europäischen Religionsgeschichte etwa wird das (problematische) Verhältnis von theologisch begründeten Aussagen über die Geschlechter und frauenfeindlichen gesellschaftlichen Positionen bereits in der frühen Neuzeit intellektuell reflektiert.[79] Im einleitenden Kapitel von *Die Stadt der Frauen* führt Christine de Pizan die Frage nach dem gesellschaftlichen Stellenwert von Frauen in einer Rede ein, in der sie Gott direkt anspricht:

«Ach, Gott, wie ist das überhaupt möglich? Denn wenn mich mein Glaube nicht trügt, dann darf ich doch annehmen, dass Du in Deiner grenzenlosen Weisheit und vollkommenen Güte nichts Unvollkommenes erschaffen hast. Aber hast Du nicht selbst, und zwar auf eine ganz besondere Weise die Frau erschaffen und sie dann mit all jenen Eigenschaften versehen, die Du ihr zu geben beliebtest? Es ist doch undenkbar, dass Du in irgendeiner Sache versagt haben solltest! Und dennoch gibt es so viele und gewichtige Beschuldigungen, mehr noch: Urteile, Versicherungen, Schlussfolgerungen zu Ungunsten der Frauen. Dies ist ein Widerspruch, den ich nicht aufzulösen vermag. Wenn es nun stimmt, teurer göttlicher Herr, und das weibliche Geschlecht wirklich ein Ausbund aller Schlechtigkeit ist, wie es so viele Männer bezeugen (und Du sagst selbst, das Zeugnis vieler trage zur Glaubwürdigkeit bei), weshalb sollte ich daran zweifeln? Ach, Gott, warum liessest Du

mich nicht als Mann auf die Welt kommen, damit ich Dir mit meinen
Gaben besser dienen könnte, damit ich mich niemals irrte und ich
überhaupt so vollkommen wäre, wie es der männliche Mensch zu sein
vorgibt? Weil Du jedoch Deine Grossmut nicht an mir hast walten lassen, musst Du auch nachsichtig hinsichtlich meiner Schwächen sein,
wenn ich Dir diene, teurer göttlicher Herr, denn so ist es nun einmal: je weniger Lohn ein Diener von seinem Herrn bekommt, desto
mehr enthebt ihn das von der Verpflichtung zu Dienstleistungen.» In
meinem Unmut richtete ich diese und zahlreiche andere Worte an
Gott, beklagte mich und haderte in meiner Torheit damit, von Gott
in einem weiblichen Körper auf die Erde geschickt worden zu sein.[80]

Dieser 1405 verfasste Text bietet eine Religionsgeschichte in Gen-
derperspektive *ante litteram*. Die Autorin ortet in der philoso-
phischen und theologischen Tradition einerseits die Gründe der
Diskriminierung der Frauen. Andererseits lässt sie sich gerade
davon inspirieren, um eine neue Bestimmung des Verhältnisses
zwischen Frauen und Männern zu begründen, das ihrer Meinung
nach in den Kategorien der Vernunft, der Gerechtigkeit und der
Rechtschaffenheit artikuliert werden soll.[81]

Obwohl solche Fragen schon vor so langer Zeit gestellt und
bearbeitet wurden, konnten sie sich als Themen religionswissenschaftlicher Forschung erst in den 1990er Jahren etablieren. Der
Impuls dazu kam von Forscherinnen, die feste Stellen an Universitäten bekamen und damit innovative Sichtweisen auf Religion
einbringen konnten.[82] Dadurch wurde plötzlich ersichtlich, wie
eng das Verhältnis zwischen den Subjekten der Forschung und
den ausgewählten Forschungsthemen war und ist. Der *homo
religiosus* – der religiöse Mensch –, für viele Jahrzehnte das Sub-
jekt von Religion und das Objekt religionswissenschaftlicher
Aufmerksamkeit, war in der Tat ein *vir religiosus* – ein religiöser
Mann – gewesen.[83]

Es erstaunt deshalb nicht, dass in der Forschungsgeschichte
der Religionswissenschaft, durch die auch ich in den frühen
1990er Jahren in die Disziplin eingeführt wurde, nur männliche
Klassiker vorkamen und dass auch heute noch die Vorstellung

von «Klassikerinnen» der Religionswissenschaft nicht selbstverständlich ist.

Die Genderthematik illustriert also aus hermeneutischer
Perspektive, dass/wie eng die Subjekte der Forschung, die untersuchten Themen und die Konstruktion der Forschungsgeschichte
zusammenhängen. Eine vertiefte Reflexion über diese Verflechtungen, über die Befangenheit, die unsere Arbeit charakterisiert,
und die kritische Auseinandersetzung mit unserer Forschungspraxis bilden daher die Voraussetzung für Innovation und die
notwendige Dynamik der Forschung.

Ich habe diese Wechselbeziehungen anhand der Geschlech-
terthematik aufgezeigt. Andere Themenbereiche wären genauso
geeignet um zu zeigen, dass die Forschungsperspektive ein Teil
von kulturellen und gesellschaftlichen Diskursen ist und dass eine
Auseinandersetzung mit dem Vorverständnis jeder Forschung
unabdingbar ist. Nicht nur die Geschlechtszugehörigkeit, sondern auch soziale, politische, religiöse, ethnische und nationale
Zugehörigkeiten spielen eine Rolle. Themen wie der Eurozentrismus und der Orientalismus, die in den postkolonialen Studien
aufgearbeitet werden, gehören zu dieser Ebene hermeneutischer
Reflexion.[84]

Jede Forschung ist in der Kultur verankert und davon geprägt.
Aber wie kann man die Distanz gewinnen, die eine wissenschaftliche Analyse überhaupt ermöglicht? Welches könnten die Krite-
rien sein, um einen Standpunkt einzunehmen, der genug Nähe
zu den Kontexten zulässt, in denen man forscht, jedoch die notwendige Distanz schafft, damit eine religionswissenschaftliche
Rekonstruktion entsteht, die argumentativ nachvollziehbar sowie
theoretisch und methodisch sauber begründet ist?

Ethische Dimensionen religionswissenschaftlicher Forschung

Eine kulturwissenschaftlich ausgerichtete Religionswissenschaft handelt stets ihre Position gegenüber dem Forschungsgegenstand diskursiv und dialektisch aus. Dabei gründet sie – im akademischen Kontext – ihre Position auf Grundwerte der *universitas*. Fragen nach der Verantwortung in der Wissenschaft, nach der Gestaltung von Nähe und Distanz zum Gegenstand, nach der Rolle des Wissens in Bezug auf gesellschaftliche Kohäsion oder nach den Regulierungen des Zugangs zum Wissen im demokratischen Kontext weisen eine ethische Komponente auf, die für die Bestimmung des Standorts religionswissenschaftlicher Forschung grundlegend ist.[85] Wertvorstellungen in der Wissenschaft unterstützen bestimmte intellektuelle Vorgehensweisen und lassen andere als unsichtbar verschwinden. Wenn man nach Alternativen zum «wissenschaftlichen Agnostizismus» oder zu «wertfreier» oder «nicht wertender Forschung» sucht, hilft es, die Frage nach den ethischen Aspekten religionswissenschaftlicher Arbeit zu stellen, um einen adäquaten Standpunkt für die Religionsforschung zu bestimmen.

Die hermeneutische Reflexion über den eigenen Standpunkt ist die Voraussetzung, um die notwendige Distanz zum Untersuchungsfeld zu gewinnen. Dabei denke ich kritisch darüber nach, was in der Analyse und in der Interpretation des Phänomens Religion geschieht. Die Frage nach den normativen Dimensionen wissenschaftlicher Arbeit ist ein wesentlicher Teil dieser Reflexion. Sie ist spannend und zugleich spannungsvoll, weil religiöse Systeme Werte und Normen formulieren und tradieren. Nicht immer stehen diese religiösen Wertediskurse im Einklang mit anderen Wertesystemen. Beispielsweise kann es Spannungen geben zwischen den Grundwerten, die eine demokratische Verfassung schützt, und den Werten, die innerhalb einer bestimmten religiösen Gruppierung oder Tradition propagiert werden. Etwa der Wertekonflikt zwischen irreversiblen Körperveränderungen, die religiöse Identitäten begründen, und dem Grundrecht auf körperliche Integrität und Autonomie des Individuums. Oder zwischen der prinzipiellen Gleichheit aller Individuen gegenüber dem Staat und den verschiedenen Rechten und Pflichten von Menschen innerhalb von religiösen Gemeinschaften.[86]

Auch die Freiheit der Wissenschaft ist ein in der Verfassung verankertes Grundrecht, ebenso die Glaubensfreiheit. Aus dieser Perspektive betrachtet, sind Wissenschaft und Religion zwei Grössen mit unterschiedlichen Wertesystemen, die nebeneinander bestehen und deren Gedeihen innerhalb einer Staatsordnung reguliert wird. In gewissen Fällen können diese beiden Wertesysteme in ein Spannungsverhältnis geraten.[87]

Bei der Untersuchung von Religion in der Kultur ist es wesentlich, mit Werturteilen gegenüber den untersuchten Phänomenen zurückhaltend zu sein. Es ist nicht das primäre Ziel der Religionswissenschaft, die untersuchten Phänomene zu werten. Beispielsweise wäre es problematisch, die intellektuelle, theologische Auseinandersetzung mit heiligen Schriften durch Gelehrte höher zu werten als Körperpraktiken von Frauen in einer bestimmten Tradition oder bestimmte Quellen religionshistorischer Rekonstruktion ohne Begründung anderen voranzustellen. Religion ist ein Orientierungssystem, das Bedeutung und Sinn stiftet: Es kann alle möglichen Bereiche des Lebens betreffen, auch seine schwierigen Aspekte. So können etwa Gewalt innerhalb von Religion, Praktiken, die nicht mit den Grundrechten des demokratischen Staates zu vereinbaren sind, oder bestimmte Formen des Umgangs mit Tieren – um nur einige Beispiele zu nennen – Religionsforschende vor erhebliche Herausforderungen stellen und in Konflikte bringen.

Die Reflexion über Nähe und Distanz zum Untersuchungsfeld ist also unentbehrlich, um die Stellung des Forschers oder der Forscherin zu reflektieren. Für die angemessene Distanz einer wissenschaftlichen Beschreibung, Analyse und Interpretation braucht es zweierlei:

Auf der einen Seite eine Reflexion über den eigenen biografischen, geschlechtlichen, religiösen, politischen, sozialen, kulturellen Standpunkt. Als Forschende muss ich mir Rechenschaft ablegen, inwiefern ich mit dem, was ich untersuche, auf den verschiedensten Ebenen vertraut bin, welche normativen Erwartungen ich mitbringe, was diese Art von Forschung für mich persönlich bedeutet. Auf der anderen Seite braucht es eine Distanzierung vom Forschungsfeld. Dafür muss die Frage geklärt werden, wo eine Forschungsfrage theoretischen verankert ist; die Methode muss sorgfältig ausgewählt werden, ebenso die Instrumente, die das wissenschaftliche Arbeiten dafür zur Verfügung stellt. Mit dieser doppelten Reflexion über den eigenen Standpunkt einerseits und das Forschungsfeld andererseits lassen sich die Projektion von Erwartungen oder Verfremdungseffekte nicht ganz verhindern, aber mindestens bewusst kontrollieren.

Gerade diese kontrollierte Herangehensweise bedingt jedoch, dass ich mich dem Untersuchungsfeld intensiv nähere und mich damit stark – auch persönlich – identifiziere. Damit sind wir am anderen Ende der Skala zwischen Distanz und Nähe angekommen. Um eine Analyse vorzunehmen, muss man das Feld sehr gut kennen und sich ihm aus möglichst vielen Perspektiven annähern. Dies wird in der sozial-empirischen Forschung besonders deutlich. In der teilnehmenden Beobachtung, einer Methode, die auf den Ethnologen Bronislaw Malinowski zurückgeht, sind Forschende Teil des Felds. Sie partizipieren am Leben der Gemeinschaften, die sie untersuchen. Die Grenzen zwischen der wissenschaftlichen Distanzierung und den Teilnehmenden verflüssigen sich dabei. Forschende und Informantinnen und Informanten stehen in einem Kooperationsverhältnis.[88]

Dieses Spannungsverhältnis von Nähe und Distanz artikuliert sich in der Wechselwirkung von emischen und wissenschaftlichen Diskursen. Die Frage nach den ethischen Dimensionen der Forschung tangiert natürlich auch die Interaktion von wissenschaftlichen und öffentlich-medialen sowie politischen Perspektiven auf Religion. Wie bereits erwähnt, wird Religion in öffentlich-medialen Diskursen häufig mit bestimmten Werten verknüpft. Dies kann im Einklang oder in polemischer Abgrenzung gegenüber emischen Perspektiven geschehen. In politisch-medialen Diskursen können religiöse Traditionen, Biografien, Praktiken und Gemeinschaften ab-, auf- oder gewertet sein.

In meinem Forschungsbereich, der auf (audio-)visuelle Kommunikation fokussiert, werde ich häufig mit ethischen Konflikten zwischen der emischen, der medial-öffentlichen und der wissenschaftlichen Ebene konfrontiert. Beispielsweise zirkulieren in der Berichterstattung zur Migrationsdebatte Bilder, die im Hinblick auf die persönlichen Rechte der Abgebildeten höchst problematisch sind: Nahaufnahmen von verletzten und sterbenden Menschen werden beispielsweise verwendet, um Mitleid und Empathie (oder Angst) auszulösen. Filmische Aufnahmen von angehäuften, zerlegten Leichen in Schiffen bilden den Hintergrund von Nachrichten über Migration. Diese visuellen Perspektiven auf Migranten werden häufig mit religiösen Zugehörigkeiten verknüpft, was zur Bildung von stigmatisierenden und ausgrenzenden Stereotypen und zur Legitimierung höchst problematischer Machtdiskurse wesentlich beiträgt.

Diese – auf den ersten Blick nicht wahrgenommenen – Aspekte, macht eine Analyse deutlich, und es sind Aspekte, die meiner Meinung nach medienethischen Überlegungen unterworfen werden müssen. Darf man für wissenschaftliche Zwecke anstössige Bilder verbreiten? In welchem Rahmen? Wer hat die Entscheidungsmacht darüber? Forschende sind (ob sie es wollen oder nicht) auch Teil dieser Diskurse, sie prägen und beeinflussen sie. Diese Fragen stellen sich, weil man, wie bereits erwähnt, häufig zu Themen aus unmittelbaren gesellschaftlichen Debatten forscht, die mit öffentlichen Mitteln gefördert werden. Oder aber man forscht im direkten Auftrag religiöser Institutionen, die auch Akteure im öffentlichen, politischen und medialen Feld sind. Die Grenzen zwischen (Religions-)Wissenschaft und politischem Engagement sind durchlässig.

Vor diesem Hintergrund haben religionswissenschaftliche Fachleute in Beratungs- und Informationspositionen an der Schnittstelle zwischen Wissenschaft, Öffentlichkeit und Politik eine zentrale Funktion. Die angedeuteten Verwicklungen zeigen auf, dass Forschungsfreiheit ein Gut ist, das nur anhand sorgfältiger hermeneutischer und ethischer Reflexion gewährleistet und inhaltlich gefüllt werden kann.

Da dieser Essay nur darauf zielt, auf diese zentralen Fragen der Religionsforschung aufmerksam zu machen, kann eine weitere Vertiefung hier nicht geleistet werden. Einige Aspekte jedoch möchte ich zum Schluss zusammenfassend hervorheben:

Religionsforschende haben unterschiedliche Rollen: als Individuen mit eigenen biografischen und weltanschaulichen Voraussetzungen oder als Mitglieder religiöser, politischer, kultureller Interessengemeinschaften. Sie sind immer auch Teil des Felds, das sie untersuchen und müssen über die Verflechtung von persönlichen, medial-politischen, öffentlichen oder anderen Erwartungen und Wertvorstellungen bewusst nachdenken. Wer wissenschaftlich zu Religion forscht, hat immer das Spannungsfeld zwischen Nähe und Distanz zu gestalten.

Dabei darf nicht vergessen werden, dass (Religions-)Wissenschaft auch ein Machtdiskurs ist, der emische, politische, mediale und öffentliche Diskurse nicht nur untersucht, sondern auch prägt, mitgestaltet und beeinflusst. Wenn beispielsweise eine religionssoziologische Studie den Untergang einer religiösen Gemeinschaft voraussagt, wird diese Prognose nicht ohne starke Wirkung auf die innere Organisation der betroffenen Institution bleiben. Oder wenn die Ergebnisse einer visuell-anthropologischen Studie als Dokumentarfilm auf Festivals gezeigt werden, wird dieses Themas auch jenseits der *academic community* bekannter, was die Dynamiken der untersuchten Praktiken und/ oder Akteure nachhaltig verändert. Zum Beispiel, wenn man über Pilgerwege forscht – als Paradebeispiel: über den Jakobsweg –, die heute stark im Trend sind.

Wenn man sich mit der Frage nach Fundamentalismus und Gewalt beschäftigt oder aber mit Materialien, die unter Blasphemieverdacht stehen, wird man mit der Verbreitung der Untersuchungsergebnisse auch den entsprechenden Praktiken oder Dokumenten zu zusätzlicher Sichtbarkeit verhelfen. Darf man eine skurrile Karikatur mit fremdenfeindlichen Zügen in einer Studie abdrucken? Oder ein Video in einem Vortrag reproduzieren, in dem Menschen vor laufender Kamera aus vermeintlich religiösen Gründen ermordet werden? Inwiefern dies ethisch zulässig ist oder nicht, lässt sich nur durch die sorgfältige Abwägung der implizierten Werte im Einzelfall entscheiden.

Religionsforschung hat, wie die anderen Geistes- und Sozialwissenschaften, eine gesellschaftliche Verantwortung. Ihre Forschungsfreiheit ist ein Grundwert, den der demokratische Staat (und nicht die Wissenschaft an sich) gewährleistet.

V Die Herausforderung von Religion in der Kultur

Religion in der Kultur zu erforschen, fordert heraus. Es bedeutet, sich mit Grenzen zu beschäftigen: Grenzen, die ein komplexes Phänomen setzt, das sich nicht in allen Dimensionen und Facetten wissenschaftlich erfassen lässt. Erforschen wir Religion in der Kultur, stossen wir an die Grenzen unserer unvermeidbaren Verwurzelung in einem partikulären Kontext. Oder an die Grenzen der eigenen sprachlichen und kulturellen Kompetenzen.

Gerade diese Befangenheit in Kontexten und diese Verankerung in der Kultur macht Religionswissenschaft zu einer gesellschaftsrelevanten Disziplin. Selbstreflexion, Interdisziplinarität, die Beschäftigung mit vielen unterschiedlichen Zugängen, die Spannungen von normativen und beschreibenden Momenten, auch die unangenehmen Kapitel der Forschungsgeschichte: Religionswissenschaft hat etwas von einer literarischen oder filmischen *mise en abyme*. Sie ist eine vergleichende und transversale Disziplin, sie verfügt über ein breites Repertoire an Strategien, theoretischen Angeboten und Verfahren, um Religion wissenschaftlich zu untersuchen. Es ist eine Disziplin mit einer kulturwissenschaftlichen Offenheit, ohne die sie die komplexen Verankerungen von Religion in der Kultur gar nicht erfassen könnte. Eine Disziplin, die es sich lohnt wahrzunehmen, weiterzuentwickeln und zu pflegen.

Anmerkungen

1 «Il nostro progamma era: *Leur ouvrir un peu la fenêtre*. ‹Schiudere loro la finestra›: non so immaginare un programma più emozionante, più avventuroso e più necessario di questo», Pusterla 2018, 61, deutsche Übersetzung der Autorin.

2 Diese Frage steht im Zentrum des immer noch sehr lesenswerten Beitrags von Eileen Barker *The Scientific Study of Religion? You Must Be Joking!* von 1995. Darin beschäftigt sich die Erforscherin neuer religiöser Bewegungen mit den verschiedenen Interessen rund um religionswissenschaftliche Forschung, mit den entsprechenden Konflikten und möglichen Lösungsansätzen.

3 Der Begriff *mise en abyme*, in dieser Schreibweise (alternativ wäre auch *abîme* möglich), wurde von André Gide im 1948 erschienenen *Journal (1889–1939)* geprägt. Einen einflussreichen Beitrag zur *mise en abyme* in der Literatur hat Lucien Dällenbach 1977 erarbeitet. Für die Adaption des Ansatzes in der Filmtheorie siehe beispielsweise Fevry 2000. In diesen Werken wird jeweils ein medienspezifisches Instrumentarium entwickelt, um die allgemeine Idee der *mise en abyme* zu präzisieren und methodisch anwendbar zu machen.

4 Zum Verhältnis der *mise en abyme* zur Semiologie/Semiotik und der Narratologie siehe Fevry 2000, 13–32.

5 Diese Stichworte wurden von Studierenden der LMU im ersten Semester im *Grundkurs: Themen, Theorien und Methoden der Religionswissenschaft* am 25.10.2017 vorgeschlagen. Für diese spannende Sitzung bedanke ich mich bei den Teilnehmenden.

6 Ein Kompendium unterschiedlicher Religionsdefinitionen von der Antike bis heute findet sich beispielsweise bei Schlieter 2010.

7 Dazu Antes 1978. Siehe auch Stausberg 2012a, 1: «Die Religionswissenschaft versteht sich als eine empirisch arbeitende Wissenschaft – das

heisst, als eine Wissenschaft, die auf der Beobachtung und Beschreibung von Religionen, religiösen Akteuren oder religiösen Sachverhalten (Dingen, Ereignissen, Phänomenen) aufbaut. In der empirischen Arbeit bedient sich die Religionswissenschaft einer Vielzahl von Quellen und Methoden [...]. Als wissenschaftliches Unternehmen strebt Religionswissenschaft darüber hinaus nach allgemeinen (theoretischen) Erkenntnissen. Die Religionswissenschaft beschäftigt sich dabei weder damit, wie Religion eigentlich sein sollte, noch mit der Vernunftgemässheit religiöser Überzeugungen; ihr Gegenstand sind vielmehr beobachtbare, interpretierbare und erklärungsbedürftige (empirische) Sachverhalte, die als Religion oder religiös gelten oder als solche thematisiert werden [können]». Weitere Ausführungen zum Religionsbegriff sind im gleichen Band (2012b, 33–47) zu finden.

8   So Kehrer 1998, 418: «In keiner Wissenschaft wird so anhaltend und so kontrovers über den Gegenstand, der der Disziplin den Namen gibt, gestritten wie in der Religionswissenschaft und ihren Nachbardisziplinen». Diese Debatte wird präzise von Bergunder 2011 rekonstruiert.

9   Fitzgerald 2000 führt dieses Problem im ersten Satz seines Buches *The Ideology of Religious Studies* wie folgt ein: «This book has a number of related purposes. The first is to argue that there is no coherent non-theological theoretical basis for the study of religion as a separate academic discipline» (3). Andere, konstruktivere Zugänge zum Problem des Eurozentrismus und aussereuropäischer Religionsbegriffe finden sich bei Ahn 1997a oder Kollmar-Paulenz 2012.

10   Diese Debatte wird im *Handbuch Religionswissenschaft* von Johannes Figl (2003) anschaulich rekonstruiert. Mit der Frage nach dem passenden Zugang ist die implizite Frage nach den anderen Zugängen gestellt. Ein wichtiges Kapitel dieser Debatte betrifft das Verhältnis von Religionswissenschaft und Theologie im Umgang mit Religion. Dazu als Beispiel Löhr 2000 und Religionswissenschaft – Theologie 2012.

11   Für eine konzise Zusammenfassung dieser «Krise der Religionswissenschaft» siehe Stolz 2000.

12   Auch ein Gebäude oder eine Landschaft, antike Gegenstände, ein Gemälde, ein Film oder ein Kleid – um einige Beispiele zu nennen –

können Quellen religionswissenschaftlicher Rekonstruktion sein. Dazu Fritz/Höpflinger/Knauss/Mäder/Pezzoli-Olgiati 2018.

13 In *Religion, Religions, Religious* nimmt Jonathan Z. Smith (1998, 281– 282) dazu wie folgt Stellung: «It was once a tactic of students of religion to cite the appendix of James H. Leuba's *Psychological Study of Religion* (1912), which lists more than fifty definitions of religion, to demonstrate that ‹the effort clearly to define religion in short compass is a hopeless task› (King 1954). Not at all! The moral of Leuba is not that religion cannot be defined, but that it can be defined, with greater or lesser success, more than fifty ways. Besides, Leuba goes on to classify and evaluate his list of definitions. ‹Religion› is not a native term; it is a term created by scholars for their intellectual purposes and therefore is theirs to define. It is a second-order, generic concept that plays the same role in establishing a disciplinary horizon that a concept such as ‹language› plays in linguistic or ‹culture› plays in anthropology. There can be no disciplined study of religion without such a horizon». Weiterführende Beiträge finden sich beispielsweise bei Pollack 1995 sowie bei Woodhead 2011.

14 Dazu Kippenberg 1997; Tworuschka 2015.

15 Für eine allgemeine Einführung in die Themen und Kontexte der Kulturwissenschaft siehe beispielsweise Bachmann-Medick 2006; Assmann 2008; Moebius 2012.

16 Damit lehne ich mich an den performativen Kulturbegriff von Stuart Hall 2003, xvii–xxvi an. Zum Verhältnis von Religion und Kultur siehe Sabbatucci 1988; Masuzawa 1998; Hulsether 2005 und 2008. Jensen 2008, 249: «It is quite probable that religion is a product of the human propensity to ‹make meaning› and to make it in such a way that meanings appear as natural, intuitively available and – not least – stable, as if ‹given› so that religion becomes a warrant of semantic stability – or strife».

17 Dazu siehe Gephart 2011 und Liedhegener/Tunger-Zanetti 2011.

18 Vgl. Strenski 2008; Bergunder 2011; Klinkhammer 2012.

19 Kippenberg/von Stuckrad 2003.

20 Mit Verweis auf Bernhard Waldenfels hebt Assmann (2008, 13) hervor, «dass sich unter Kultur all das fassen lässt, was Menschen aus sich

und den Dingen machen und was ihnen dabei widerfährt; darin eingeschlossen sind symbolische Deutungen, kollektive Rituale, Kunststile oder soziale Einrichtungen, sowie die ständig wachsende Zwischenwelt aus Technik und Medien».

21 Hall 2013, xix.

22 Gladigow 1988b.

23 Siehe Stolz 2001, 101–147. Zu Religion und der Produktion von Bedeutung siehe Gladigow 1988b, 33: «Von Bedeutung ist, dass diese Zeichen kognitive, emotionale, normative, soziale und kulturelle Prozesse auslösen, steuern und in Relation zueinander setzen können. Die Leistung solcher Zeichen- und Deutungssysteme dürfen nicht auf ihre kognitivistischen Leistungen beschränkt werden; Erzeugung und Steuerung von Emotionen, Gefühlen, ‹Haltungen› sind von erheblicher Bedeutung. Für eine kommunikationstheoretische Konstitution von Religion ist es von zentraler Bedeutung, dass – zumindest für den systemfremden Betrachter – erst die Kenntnis des Gesamtvorrats an ‹Zeichen› eine umfassende Analyse ermöglicht».

24 Dazu Fritz/Höpflinger/Knauss/Mäder/Pezzoli-Olgiati 2018, 17–18.

25 Siehe dazu auch Mohn 2012 und Fritz/Höpflinger/Knauss/Mäder/Pezzoli-Olgiati 2018, 9–17.

26 Dazu siehe z. B. Ahn 1997b.

27 Wagner 1997, 523.

28 Wagner 1997, 524.

29 Dazu Antes 1978.

30 Le Petit Robert 1968, 1505.

31 The Concise Oxford Dictionary of Current English 1991, 1015.

32 Siehe dazu z. B. Streib/Keller 2015.

33 Das Begriffspaar «emisch»–«etisch» wurde in den 1960er Jahren als Neologismus in Ähnlichkeit zu «Phonemik» und «Phonetik» in die Sozialwissenschaften eingeführt. Siehe dazu Headland/Pike/Harris 1990.

34 Siehe z. B. Gladigow 1988a.

35 Siehe Reinhard 2009.

36 Siehe Burger 2010.

37 «Warum ermöglichen wir mit unseren Steuergeldern diese intellektuelle Religionsindustrie? Abweichende Meinungen innerhalb von Religionen sind gefährlich, da jede Partei ‹die einzige Wahrheit› besitzt.
Nicht wenige solcher Differenzen endeten letztlich in Glaubenskrie-
gen. Warum ist es den Menschen nicht vergönnt, friedlich nebeneinander zu leben ohne den komplizierten Umweg über die mehr als
einschränkenden Religionen?» schreibt ein Zeitungsleser in der NZZ
vom 17. Juli 2018 (10) als Schlussgedanken seines Leserbriefs. Darin
nimmt er Stellung zu einem NZZ-Artikel, in dem der emeritierte und
der amtierende Papst verglichen wurden. Zu zeitgenössischen Varian-
ten des Atheismus und seinen emischen, materiellen Ausdruckformen
siehe Lee 2017.

38 Siehe Fritz/Höpflinger/Knauss/Mäder/Pezzoli-Olgiati 2018, 17–28.

39 Siehe Gephart 2011.

40 Stand 13. Juli 2017, https://www.bundestag.de/grundgesetz.

41 Fassung vom 18. April 1999, Stand 1. Januar. 2018, https://www.
admin.ch/opc/de/classified-compilation/19995395/index.html#a8

42 Siehe Loretan 2011; Pickel 2011; Zander 2012; Liedhegener 2018.

43 Siehe Liedhegener 2013.

44 Hoover/Lundby 1997, Lindorman 2004; Meyer/Moors 2006; Hoover
2006; Malik/Rüpke/Wobbe 2007; Beinhauer-Köhler/Pezzoli-Olgiati/
Valentin 2010; Herbert 2011.

45 Als Beispiel für die Konstruktion einer «eigenen» Identität in der
Begegnung mit anderen kann auf das n-tv-Programm «Marhaba –
Ankommen in Deutschland» mit Constantin Schreiber hingewiesen
werden. Siehe dazu die Masterarbeit von Judith Steinbach 2017.

46 Werlen 2008.

47 Siehe z. B. Kohl 2003; Bräunlein 2004; Pezzoli-Olgiati 2015a.

48 https://www.britishmuseum.org/pdf/Living%20with%20gods%20
-%20Large%20Print%20Guide.pdf [abgerufen am 30.07.2018], 3.

49 Aus dem Ausstellungsflyer, o. S.

50 Ebenda, dazu Cook 2018.

51 Siehe als Beispiel die Besprechung in The Guardian (Jones 2017): «I
truly felt branded inside, marked out as a reprobate, for the premise of

the show is that belief in God(s) is such a universal human trait that if you lack it, you may not be human.»

52 Siehe z. B. Woodhead 2011.

53 Siehe z. B. Cancik/Gladigow/Laubscher 1988 oder Hock 2002.

54 Siehe als Beispiel Stolz 2001.

55 Dazu Kippenberg 1997; Gladigow 2009.

56 Über die enge Verbindung von emischen und etischen Perspektiven siehe Headland/Pike/Harris 1990 und, bezogen auf Religionsforschung, Sutcliffe 1998, insbesondere 271–272.

57 Die Ausstellung setzt ein Konzept von Religion voraus, das in der Tradition von Émile Durkheim zu verorten ist. Die Schau betont primär kohäsive Aspekte von Religion als positives symbolisches Sinnstiftungssystem, das Gemeinschaft zusammenhält. Sie hebt die Suche des Menschen nach Gleichgewicht mit den Elementen, mit transzendenten Kräften, mit dem Kosmos hervor. Religion wird verbunden mit Gebetspraktiken, Festen und rites de passage. Das Verhältnis von Religion und Gewalt wird kaum angesprochen, sondern ein stark idealisiertes Bild von Religion vermittelt. Am Ausgang des Rundgangs durch die Ausstellung stehen Vitrinen mit künstlerischen Installationen zur aktuellen Migrationstragödie im Mittelmeer.

58 Pezzoli-Olgiati 2015b.

59 Liedhegener/Tunger-Zanetti 2011; Woodhead 2011, 123.

60 Müller 1874, 4–5: «Heute, wo ich hier in demselben Raume einen kurzen Cursus von Vorlesungen über Religionswissenschaft, oder richtiger, über einige Vorfragen beginne, ohne deren Erledigung ein wahrhaft wissenschaftliches Studium der Religionen der Menschheit unmöglich sein würde, ist es mir zu Muth wie damals, als ich meinen ersten Cursus über Sprachwissenschaften eröffnete. Ich weiss sehr wohl, dass es mir an entschiedenen Gegnern nicht fehlen wird, welche die Möglichkeit eines wissenschaftlichen Studiums der Religionen ebenso leugnen werden, wie sie einst die Möglichkeit eines wissenschaftlichen Studiums der Sprachen, als solcher, leugneten.»

61 Ebenda, 9–13. «Was sollte uns denn also hindern, die vergleichende Methode, die so grosse Resultate in anderen Regionen des Wissens

zu Tage gefördert hat, auch auf das Studium der Religionen anzuwenden?» (13).

62 Michaels 1997a, 13: «Wer ist ein Klassiker der Religionswissenschaft? Bei einem Fach, das mit dem Erscheinungsjahr dieses Bandes auf etwa 120 Jahre seiner Geschichte zurückblickt und noch immer in den Fakultäten um Anerkennung ringt, scheint diese Frage ebenso vermessen wie unumgänglich.» Die interdisziplinäre Öffnung dieser relativ jungen Disziplin wird positiv bewertet: «Die Suche geht also weiter, und ich behaupte: Gerade weil Religionswissenschaft ihren Gegenstand und ihren Kanon noch nicht gefunden hat, bewahrt sie sich ihre etliche Male bewiesene Offenheit für neue Fragen.»

63 Auch in diesem umfangreichen Standardwerk (ebenfalls ohne Beiträge von Frauen) wird die Öffnung der Religionswissenschaft zu anderen Disziplinen als wesentlich eingeschätzt: «Part Two, Connections with other Disciplines, intends to demonstrate that, in principle and practice, nearly all actual research in the field took place in existing and developing specialised disciplines, insofar as these encountered subjects of a religious nature», Waardenburg 1999, 81.

64 In diesem Essay wird Interdisziplinarität als eine Forschungspraxis verstanden, in der Multiperspektivität auf eine Frage durch die Kooperation zwischen unterschiedlichen Wissensbeständen erreicht wird. Transdisziplinarität hingegen zielt auf die Integration von disziplinären Wissensbeständen und auf die Formulierung neuer Ansätze. Es sind Arbeitsdefinitionen, die sich mit folgender Literatur vertiefen lassen: Mittelstrass 1996 und 2003; Somerville/Rapport 2000; Frodeman 2010; mit direktem Bezug auf Kulturwissenschaft siehe Neumann/Nünning 2012; Bal 2006, 7–27. Dazu auch Schumann 2007.

65 Ein ausgezeichneter Überblick über die unterschiedlichen religionswissenschaftlichen Traditionen in Europa findet sich bei Antes 2008; siehe auch Lanczkowski 1991, 76–79.

66 In diesem Kontext ist zu vermerken, dass diese weltweite Organisation die Bezeichnung *History of Religion* (anstelle von *Historical and Scientific Studies of Religion*, wie 2015 vorgeschlagen wurde) beibehalten hat. Dies zeigt exemplarisch auf, dass die unterschiedlichen Richtun-

gen der Disziplin sehr stark in den jeweiligen Traditionen verankert sind. Siehe Minutes of the General Assembly 2016, 936–937.

67 Siehe z. B. den ersten Band des *Handbuches religionswissenschaftlicher Grundbegriffe* (Cancik/Gladigow/Laubscher 1988).

68 Siehe Mittelstrass 2003, 13: «Ganz gleich, in welchem Sinne hier Interdisziplinarität verstanden wird, als Interdisziplinarität, die grössere disziplinäre Orientierungen wiederherstellt, oder als tatsächliche Erweiterung des Erkenntnisinteresses innerhalb von Fächern und Disziplinen, eines sollte klar sein: Interdisziplinarität im recht verstandenen Sinne geht nicht zwischen den Fächern oder den Disziplinen hin und her oder schwebt, dem absoluten Geist nahe, über den Fächern und den Disziplinen. Sie hebt vielmehr innerhalb eines historischen Konstitutionszusammenhanges der Fächer und der Disziplinen fachliche und disziplinäre Parallelisierungen, wo diese historische Erinnerungen verloren haben, wieder auf; sie ist in Wahrheit Transdisziplinarität.» Der Autor formuliert diesen Gedanken nicht spezifisch in Bezug auf die Religionswissenschaft, sondern allgemein.

69 Bal 2002, 23–24.

70 Ebenda, 24.

71 Dazu Barker 1995, 287: «The video (shown by Lewis Carter at the 1985 SSSR meeting) started with someone holding a microphone up to Bhagwan Sri Rajneesh and asking him ‹What do you think about the Society for the Scientific Study of Religion?› There was a long, a very long, pause. Then the guru raised an eyebrow ever so slightly. ‹In my whole life,› he said, ‹I don't think I've ever heard of anything so ridiculous.› The very name ‹Society for the Scientific Study of Religion› makes some people shudder with horror. For others it stands for something that is itself almost a religion: dispassionate, objective, systematic, and accurate research. Is the concept a somewhat ridiculous joke? Or are we claiming something important when we define ourselves as a community of scholars dedicated to the scientific study of religion?» Die Religionssoziologin behandelt in diesem einflussreichen Aufsatz die Frage des Einflusses von wissenschaftlichen Konzepten auf das Feld. Auch Fritz Stolz (2001) geht in seiner *Einführung in die Religionswissenschaft* auf das Spannungsverhältnis zwischen der emischen

und der wissenschaftlichen Ebene ein, die er «Innen-» beziehungs-
weise «Aussensicht» nennt: «Verallgemeinert man diese Beobachtun-
gen, so ergibt sich, dass *die religionswissenschaftliche Darstellung einer
anderen Religion* vom Angehörigen dieser Religion in der Regel nicht
als Selbstdarstellung wird akzeptiert werden können. [...] Religionswissenschaftliche Arbeit besteht dann also darin, dass sie zunächst
ihre eigenen Fragen, welche sie vom eigenen kulturellen Hintergrund
aufnimmt, genau klärt; dass sie dann den Raum ihrer Untersuchung
ausgrenzt; dass sie schliesslich die geklärten Fragestellungen in den
ausgegrenzten Raum hineinträgt, revidiert, vervollständigt und neu
formuliert. Im Verlauf der Arbeit an verschiedenen Religionen entsteht so ein Gerüst von Fragestellungen, Hypothesenbildungen und
Modellvorstellungen, die es erlauben sollen, jedes religiöse Phänomen
zu beschrieben und zu analysieren» (42, Hervorhebung im Original).

72 Siehe dazu Neubert 2011. Siehe auch Klöcker/Tworuschka 2008, vor
allem den zweiten Hauptteil.

73 Aus heutiger Sicht kurios erscheint die Positionierung des Forschen
den gegenüber den Phänomenen als «der unbeteiligte Zuschauer»
in Greschat 1988, 138: «Dieser Zeuge [der Forschende] nimmt alles
wahr, egal, was man tut. Er nimmt es wahr, bleibt aber unbeteiligt.
Er beobachtet alles so, wie es geschieht, ohne irgendetwas zu bewer-
ten. Er gibt sich auch keine Zensuren fürs Zeugesein. Fürchtet sich
der Mensch, registriert sein unbeteiligter Zeuge: ‹Furcht ist da›. Er
darf die Furcht nicht beurteilen: ‹das geschieht dir aber recht!›. Oder
‹wie schrecklich!› Wenn der Mensch nicht mehr gegen sie ankämpft,
wird Furcht, die im automatischen Zustand aggressive Abwehr oder
panische Flucht auslöst, vergehen wie sie gekommen ist. Der unbeteiligte Zuschauer schaltet nämlich das beteiligte Ich ab. Das Ich begehrt,
was es nicht hat, und was es hat, fürchtet es zu verlieren. Solange wir
bewusst sind, bleiben wir unbeteiligt: weder Begehren noch Furcht
können sich in uns ausbreiten. Dann haben wir uns selbst vergessen
und sind frei, wahrhaft objektiv zu sehen, was sich uns zeigt.»

74 Damit wird der Verzicht auf die Auseinandersetzung mit möglichen
Wahrheitsfragen und mit der Wertung von Inhalten beschrieben,
siehe z. B. Byrne 1997, 345: «Since it is the aim of the study of religion

to recover this meaning, it must begin by being faithful to the under-standing of the religious insofar as this is revealed in the conceptual content of their beliefs and actions. Methodological agnosticism flows from this, since it is the content of believers' beliefs and concepts, rather than the truth of those beliefs or the successful reference of those concepts, which gives form to the meaning in which they dwell. So, matters of truth and reference can be suspended in considering these beliefs and concepts.»

75 Mohn 2012, 48, führt diesen Terminus ein: «Dieser komparative ‹Suchbegriff› kann als Modell und Heuristik zur Beschreibung von Religion aus gebotener Distanz und in der Absicht eingesetzt werden, selbst nicht in die religiösen Diskurse, die hiermit zu kennzeichnen wären, involviert zu werden. Involvierungsresistenz angesichts des Religiösen in Gesellschaft und Kultur ist die Voraussetzung einer religionsbezogenen Disziplin, die als komparative Religionswissenschaft will auftreten können.»

76 Dazu Stolz 2001, 39: «Neben dem methodischen Zugang zum Phä-nomen der Religionen, der die eigene Verwurzelung in einer Religion zum methodischen Ausgangspunkt macht, steht die andere Möglich-keit, von Anfang an eine grösstmögliche Distanz zum eigenen Stand-ort einzuführen. Methodische Distanzierung bedeutet nicht Ausschal-tung. Es ist selbstverständlich, dass auch in diesem Falle die Religion des eigenen kulturellen Kontextes ein Vorverständnis von Religion überhaupt schafft, welches man nicht hinter sich lassen kann.» Siehe auch Mohn 2012, 253: «Es geht der Religionswissenschaft hingegen um eine formale und begrifflich reflektierte Distanz, die sich von den Religionen und ihren partikulären Reflexionsinstanzen, aber auch von deren selbsternannten gesellschaftlichen Konkurrenten nicht konzep-tionell bestimmen lässt. Phänomene wie Normativität, Sakralisierung, Parteinahme für bestimmte religiöse Weltanschauungen oder Ableh-nung von Religion allgemein müssen aus religionswissenschaftlicher Distanz als Gegenstand des religiösen Diskurses interpretiert werden. Einerseits muss die Religionswissenschaft akzeptieren, dass sie in die Strukturen der jeweiligen religiösen Zeitgeschichte ihrer Gesell-schaft rückgebunden bleibt; andererseits muss sie die erforderliche

Distanz hierzu gewinnen, um gesellschafts- und kulturwissenschaftliche Ansätze der Semiotik, der Medientheorie, der Anthropologie der Sinne, der Ästhetik und Kunstwissenschaft fruchtbar in eine komparative Perspektive einzubauen, damit religiöse ‹Phänomene› in ihren aisthetischen und diskursiven Ausmassen und Bedingtheiten gesellschaftsrelevant verglichen werden können, ohne in den Gestus der wissenschaftlichen Kathederprophetie abzugleiten (Weber 1917/19).»

77 Siehe Lanwerd/Moser 2010.

78 Dazu Woodhead 2007; King 2000; King/Beattie 2004; Höpflinger/Jeffers/Pezzoli-Olgiati 2008.

79 Diese Debatte ist auch unter dem Namen *Querelle des Femmes* bekannt. Eine detaillierte Rekonstruktion bis ins 18. Jahrhundert findet sich bei Ferrari Schiefer 1998.

80 Pizan 1986, 37–38.

81 Dazu Ferrari Schiefer 1998, 80–87.

82 Eine konzise Rekonstruktion der Forschungsgeschichte findet sich in Höpflinger/Lavanchy/Dahinden 2012.

83 Zu den Entwicklungen in der Genderforschung in der Religionswissenschaft siehe King 2000 und 2008.

84 Die Literatur dazu ist mittlerweile sehr umfangreich. Für eine erste Einführung siehe Ahn 1997a und King 2005.

85 Siehe Klinkhammer/Rink/Frick 1997, 20; Pezzoli-Olgiati 2006; Schumann 2007; Hock 2008, insbesondere 42–43.

86 Siehe dazu Mieth 1998; Hock 2008; Schlieter 2012.

87 Siehe dazu Kassam 2004, besonders 156: «This leads to the wider question of the role and position of scholars and intellectuals within their own communities. Does it mean that if one is a Muslim, one must be an uncritical advocate of all that goes by the name of Islam or that one must accept what is given or passed down without question? Every generation reinvents its traditions to suit its present needs and is thus highly vested in them. In a sense, history-writing reflects what present generations want future ones to recall about the past. To analyse social constructions of history, the scholar must stay a step removed from such reinventions. Critical reflection, however, is not necessarily motivated by the will to harm or destroy; it may seek to offer a deeper,

more deliberate way to think through issues of justice and the politics
of knowledge in this historical moment. The role of the intellectual,
quoting Edward Said's famous phrase, is to speak the truth to power.»
88 Siehe dazu Knott 2000.

Literatur

Ahn, Georg, 1997a, Eurozentrismen und Erkenntnisbarrieren in der Religionswissenschaft, Zeitschrift für Religionswissenschaft 5, 41–58.

Ahn, Georg, 1997b, Art. Religion, I. Religionsgeschichtlich, in: Müller, Gerhard (Hg.), Theologische Realenzyklopädie, Bd. 28, Berlin: De Gruyter, 513–522.

Antes, Peter, 1978, «Religion» einmal anders, Temenos 14, 184–197.

Antes, Peter, 2008, A Survey of New Approaches to the Study of Religion in Europe, in: ders./Geertz, Armin W./Warne, Randi R. (Hg.), New Approaches to the Study of Religion, Bd. 1: Regional, Critical, and Historical Approaches, Berlin/New York: De Gruyter, 43–61.

Assmann, Aleida, 2008, Einführung in die Kulturwissenschaft. Grundbegriffe, Themen, Fragestellungen, Berlin: Erich Schmid Verlag (2. Auflage).

Bachmann-Medick, Doris, 2006, Cultural Turns. Neuorientierungen in den Kulturwissenschaften, Berlin: Rowohlt.

Bal, Mieke, 2002, Travelling Concepts in the Humanities. A Rough Guide, Toronto/Buffalo/London: University of Toronto Press.

Bal, Mieke, 2006, Kulturanalyse, Frankfurt: Suhrkamp.

Barker, Eileen, 1995, The Scientific Study of Religion? You Must Be Joking!, Journal for the Scientific Study of Religion 34, 3, 287–310.

Beinhauer-Köhler, Bärbel/Pezzoli-Olgiati, Daria/Valentin, Joachim (Hg.), 2010, Religiöse Blicke – Blicke auf das Religiöse. Visualität und Religion, Zürich: Theologischer Verlag Zürich.

Bergunder, Michael, 2011, Was ist Religion? Kulturwissenschaftliche Überlegungen zum Gegenstand der Religionswissenschaft, Zeitschrift für Religionswissenschaft 19, 3–55.

Bräunlein, Peter J., 2004, Religion und Museum. Zur visuellen Repräsentation von Religion/en im öffentlichen Raum, Bielefeld: Transcript.

Burger Maya, 2010, Illustrating Yoga. From the Master to the Book, in: Beinhauer-Köhler, Bärbel/Pezzoli-Olgiati, Daria/Valentin, Joachim (Hg.), Religiöse Blicke – Blicke auf das Religiöse. Visualität und Religion, Zürich: Theologischer Verlag Zürich, 165–184.

Byrne, Peter, 1997, The Study of Religion. Neutral, Scientific or Neihter?, Methods & Theory in the Study of Religion 9, 4, 339–351.

Cancik, Hubert/Gladigow, Burkhard/Laubscher, Matthias (Hg.), 1988, Handbuch religionswissenschaftlicher Grundbegriffe, Bd. I, Stuttgart/Berlin/Köln/Mainz: Kohlhammer.

Cook, Jill, 2018, Living with Gods. People, Places and Worlds Beyond, London: The Trustees of the British Museum.

Dällenbach, Lucien, 1977, Le récit spéculaire. Essai sue la mise en abyme, Paris: Seuil.

Ferrari Schiefer, Valeria, 1998, La Belle Question. Die Frage nach der Gleichheit der Geschlechter bei François Poullain de la Barre (1647–1723) vor dem Hintergrund der (früh-)neuzeitlichen Querelle des Femmes, Luzern: Exodus.

Fevry, Sébastien, 2000, La mise en abyme filmique. Essai de typologie, Liège: Édition du Céfal.

Figl, Johann, (Hg.), 2003, Handbuch Religionswissenschaft. Religionen und ihre zentralen Themen, Innsbruck: Tyrolia.

Fitzgerald, Timothy, 2000, The Ideology of Religious Studies, New York/Oxford: Oxford University Press.

Fritz, Natalie/Höpflinger, Anna-Katharina/Knauss, Stefanie/Mäder, Marie-Therese/Pezzoli-Olgiati, Daria, 2018, Sichtbare Religion. Eine Einführung in die Religionswissenschaft, Berlin/New York: De Gruyter.

Frodeman, Robert (Hg.), 2010, The Oxford Handbook of Interdisciplinarity, Oxford: Oxford University Press.

Gephart, Werner, 2011, Einleitung: Grundelemente einer Theorie sozialer Sphären. Die Religion im Prozess von Scheidung, Durchmischung und Differenzierung der Sphären, in: Pfleiderer, Georg/Heit, Alexander (Hg.), Sphärendynamiken I. Zur Analyse postsäkularer Gesellschaften, Zürich: Pano/Baden-Baden: Nomos, 23–57.

Gide, André, 1948, Journal 1889–1939, Paris: Gallimard.

Gladigow, Burkhard, 1988a, Aberglaube, in: Cancik, Hubert/Gladigow, Burkhard/Laubscher, Matthias (Hg.), Handbuch religionswissenschaftlicher Grundbegriffe, Bd. I, Stuttgart/Berlin/Köln: Kohlhammer, 387–388.

Gladigow, Burkhard, 1988b, Gegenstände und wissenschaftlicher Kontext von Religionswissenschaft, in: Cancik, Hubert/Gladigow, Burkhard/Laubscher, Matthias (Hg.), Handbuch religionswissenschaftlicher Grundbegriffe, Bd. I, Stuttgart/Berlin/Köln: Kohlhammer, 26–40.

Gladigow, Burkhard, 2009, Europäische Religionsgeschichte der Neuzeit, in: Kippenberg, Hans G./Rüpke, Jörg/von Stuckrad, Kocku (Hg.), Europäische Religionsgeschichte. Ein mehrfacher Pluralismus, Göttingen: Vandenhoeck & Ruprecht, 15–37.

Greschat, Hans-Jürgen, 1988, Was ist Religionswissenschaft?, Stuttgart: Kohlhammer.

Hall, Stuart, 2013, Introduction, in: ders./Evans, Jessica/Nixon, Sean, Representation, Second Edition, Los Angeles/London/New Delhi: Sage, xvii–xxvi.

Headland, Thomas N./Pike, Kenneth L. Pike/Harris, Marvin (Hg.), 1990, Emics and Etics. The Insider/Outsider Debate, Newbury Park/London/New Delhi: Sage.

Herbert, David E. J., 2011, Theorizing Religion and Media in Contemporary Societies. An Account of Religious «Publicization», European Journal of Cultural Studies 14, 6, 626–648.

Hock, Klaus, 2002, Einführung in die Religionswissenschaft, Darmstadt: Wissenschaftliche Buchgesellschaft.

Hock, Klaus, 2008, Religionskritik, in: Klöcker, Michael/Tworuschka, Udo (Hg.), Praktische Religionswissenschaft, Köln/Weimar/Wien: Böhlau Verlag, 34–47.

Hoover, Stewart M., 2006, Religion in the Media Age, London/New York: Routledge.

Hoover, Stewart M./Lundby, Knut, 1997, Rethinking Media, Religion, and Culture, Thousand Oaks/London/New Delhi: Sage.

Höpflinger, Anna-Katharina/Jeffers, Ann/Pezzoli-Olgiati, Daria (Hg.), 2008, Handbuch Gender und Religion, Göttingen: Vandenhoeck & Ruprecht.

Höpflinger, Anna-Katharina/Lavanchy, Anne/Dahinden, Janine, 2012, Introduction. Linking Gender and Religion, Women's Studies 41, 6, 615–638.

Hulsether, Mark, 2005, Religion and Culture, in: Hinnels, John R. (Hg.), The Routledge Companion to the Study of Religion, London/New York: Routledge, 489–508.

Hulsether, Mark, 2008, New Approaches to the Study of Religion and Culture, in: Antes, Peter/Geertz, Armin W./Warne, Randi R. (Hg.), New Approaches to the Study of Religion, Bd. 1: Regional, Critical, and Historical Approaches, Berlin/New York: De Gruyter, 345–381.

Jensen, Jeppe Sinding, 2008, Meaning and Religion. On Semantics in the Study of Religion, in: Antes, Peter/Geertz, Armin W./Warne, Randi R. (Hg.), New Approaches to the Study of Religion, Bd. 1: Regional, Critical, and Historical Approaches, Berlin/New York: De Gruyter, 119–252.

Jones, Jonathan, 2017, Living with Gods Review – 40 000 Years of Religious Art and This Is It?, The Guardian, 6. November, www.theguardian.com/artanddesign/2017/nov/06/living-with-gods-review-art-religion-british-museum [abgerufen am 30.12.2018].

Kassam, Tazim R., 2004, Balancing Acts. Negotiating the Ethics of Scholarship and Identity, in: Cabezón, José Ignacio/Greeve Davaney, Sheila (Hg.), Identity and the Politics of Scholarship in the Study of Religion, New York/London: Routledge, 133–161.

Kehrer, Günter, 1998, Religion, Definition der, in: Cancik, Hubert/Gladigow, Burkhard/Kohl, Karl-Heinz (Hg.), Handbuch religionswissenschaftlicher Grundbegriffe, Bd. IV, Stuttgart/Berlin/Köln: Kohlhammer, 418–425.

King, Richard, 2005, Orientalism and the Study of Religions, in: Hinnels, John R. (Hg.), The Routledge Companion to the Study of Religion, London/New York: Routledge, 275–290.

King, Ursula (Hg.), 2000, Religion & Gender, Oxford/Cambridge: Blackwell (1. Auflage 1995).

King, Ursula, 2008, Gender-kritische (Ver-)wandlungen in der Religionswissenschaft. Ein radikaler Paradigmenwechsel, in: Höpflinger,

Anna-Katharina/Jeffers, Ann/Pezzoli-Olgiati, Daria (Hg.), Handbuch Gender und Religion, Göttingen: Vandenhoeck & Ruprecht, 29–40.

King, Ursula/Beattie, Tina, (Hg.), 2005, Gender, Religion and Diversity. Cross-Cultural Perspectives, London/New York: Continuum.

Kippenberg, Hans G., 1997, Die Entdeckung der Religionsgeschichte. Religionswissenschaft und Moderne, München: Beck.

Kippenberg, Hans G./von Stuckrad, Kocku, 2003, Einführung in die Religionswissenschaft, München: Beck.

Klinkhammer, Gritt, 2012, Zur Performativität religionswissenschaftlicher Forschung, in: Stausberg, Michael (Hg.), Religionswissenschaft, Berlin: De Gruyter, 141–153.

Klinkhammer, Gritt/Rink, Steffen/Frick, Tobias, 1997, Einleitung, in: dies. (Hg.), Kritik an Religionen. Religionswissenschaft und der kritische Umgang mit Religion, Marburg: Diagonal, 9–26.

Klöcker, Michael/Tworuschka, Udo (Hg.), 2008, Praktische Religionswissenschaft, Köln/Weimer/Wien: Böhlau.

Knott, Kim, 2000, Women Researching, Women Researched. Gender as an Issue in the Empirical Study of Religion, in: King, Ursula (Hg.), Religion & Gender, Oxford/Cambridge: Blackwell (1. Auflage 1995), 199–218.

Kohl, Karl-Heinz, 2003, Die Macht der Dinge. Geschichte und Theorie sakraler Objekte, München: Beck.

Kollmar-Paulenz, Karénina, 2012, Aussereuropäische Religionsbegriffe, in: Stausberg, Michael (Hg.), Religionswissenschaft, Berlin: De Gruyter, 81–94.

Lanczkowski, Günter, 1991, Einführung in die Religionswissenschaft, Darmstadt: Wissenschaftliche Buchgesellschaft (1. Auflage 1980).

Lanwerd, Susanne/Moser, Márcia (Hg.), 2010, Frau, Gender, Queer. Gendertheoretische Ansätze in der Religionswissenschaft, Würzburg: Königshausen & Neumann.

Lee, Lois, 2017, Vehicles of New Atheism. The Atheist Bus Campaign, Non-religious Representations and Material Culture, in: Cotter, Christopher R./Quadrio, Philip Andrew/Tuckett, Jonathan (Hg.), New Atheism. Critical Perspectives and Contemporary Debates, Cham: Springer, 69–86.

Le Petit Robert, 1968, Dictionnarie alphabéthique & analogique de la langue française par Paul Robert, Paris: Société du Nouveau Littré.

Liedhegener, Antonius, 2013, Von Kopftüchern, Schleiern und Baskenkappen in Europas Demokratien. Zum Verhältnis von «Religionspolitik» und «Körperpolitik» in der Gegenwart, in: Glavac, Monika/Höpflinger, Anna-Katharina/Pezzoli-Olgiati, Daria (Hg.), Second Skin. Körper, Kleidung, Religion, Göttingen: Vandenhoeck & Ruprecht, 253–278.

Liedhegener, Antonius, 2018, Religionsfreiheit und die neue Religionspolitik. Mehrheitsentscheide und ihre Grenzen in der bundesdeutschen Demokratie, Zeitschrift für Politik, Neue Folge, 55, 1, 84–107.

Liedhegener, Antonius/Tunger-Zanetti, Andreas, 2011, Religion, Wirtschaft, Politik transdisziplinär – Eine Herausforderung, in: dies./Stephan Wirz (Hg.), Religion – Wirtschaft – Politik. Forschungszugänge zu einem aktuellen transdisziplinären Feld, Zürich: Pano/Baden-Baden: Nomos, 11–37.

Linderman, Alf G., 2004, New Approaches to the Study of Religion in the Media, in: Antes, Peter/Geertz, Armin W./Warne, Randi R. (Hg.), New Approaches to the Study of Religion, Bd. 2, Berlin: De Gruyter, 305–319.

Löhr, Gebhard (Hg.), 2000, Die Identität der Religionswissenschaft, Frankfurt a. M.: Peter Lang.

Loretan, Adrian (Hg.), 2011, Religionsfreiheit im Kontext der Grundrechte, Zürich: Edition NZN bei TVZ.

Malik, Jamal/Rüpke, Jörg/Wobbe, Theresa (Hg.), 2007, Religion und Medien. Vom Kultbild zum Internetritual, Münster: Aschendorff.

Masuzawa, Tomoko, 1998, Culture, in: Taylor, Mark C. (Hg.), Critical Terms for Religious Studies, Chicago/London: The University of Chicago Press, 70–93.

Meyer, Birgit/Moors, Annelies (Hg.), 2006, Religion, Media, and the Public Sphere, Bloomington: Indiana University Press.

Michaels, Axel, 1997, Einleitung, in: ders. (Hg.), Klassiker der Religionswissenschaft. Von Friedrich Schleiermacher bis Mircea Eliade, München: Beck, 7–16.

Mieth, Dietmar, 1998, Normen, in: Cancik, Hubert/Gladigow, Burhard/ Kohl, Karl-Heinz (Hg.), Handbuch religionswissenschaftlicher Grundbegriffe, Bd. IV, Stuttgart/Berlin/Köln: Kohlhammer, 243–250.

Minutes of the General Assembly of the IAHR, 2016, Erfurt, Germany, Saturday August 29, 2015, in: Bochinger, Christoph/Rüpke, Jörg (Hg.), Dynamics of Religion, Past and Present. Proceedings of the XXI World Congress of the International Association for the History of Religion, Berlin/Munich/Boston: De Gruyter, 929–952, https://doi.org/10.1515/9783110450934-024.

Mittelstrass, Jürgen, 1996, Stichwort Interdisziplinarität. Mit einem anschliessenden Werkstattgespräch, Basel: Europainstitut an der Universität Basel.

Mittelstrass, Jürgen, 2003, Transdisziplinarität – wissenschaftliche Zukunft und institutionelle Wirklichkeit, Konstanz: Universitätsverlag Konstanz.

Moebius, Stephan (Hg.), 2012, Von den Cultural Studies bis zu den Visual Studies. Eine Einführung: Bielefeld: Transcript.

Mohn, Jürgen, 2012, Wahrnehmung der Religion. Aspekte der komparativen Religionswissenschaft in religionsaisthetischer Perspektive, in: Erwägen, Wissen, Ethik, Forum für Erwägungskultur 23, 2, 241–254.

Müller, Friedrich Max, 1874, Einleitung in die vergleichende Religionswissenschaft. Vier Vorlesungen im Jahre MDCCCLXX an der Royal Institution in London gehalten nebst zwei Essays «Über falsche Analogien» und «Über Philosophie der Mythologie», Strassburg: Verlag von Karl J. Trübner.

Neubert, Frank, 2011, Religion(en) in der Gegenwart. Ein religionswissenschaftlicher Blick auf neuere Theorieangebote, in: Liedhegener, Antonius/Tunger-Zanetti, Andreas/Wirz, Stephan (Hg.), Religion – Wirtschaft – Politik. Forschungszugänge zu einem aktuellen transdisziplinären Feld, Zürich: Pano/Baden-Baden: Nomos, 113–134.

Neumann, Birgit/Nünning, Ansgar, 2012, Travelling Concepts as a Model for the Study of Culture, in: dies. (Hg.), Travelling Concepts for the Study of Culture, Berlin/Boston: De Gruyter, 1–22.

Pezzoli-Olgiati, Daria, 2006, Distanz und Nähe – Teilnehmen und Beobachten. Ethische Verflechtungen religionswissenschaftlicher For-

schung, in: Ethikkommission der Universität Zürich (Hg.), Ethische
Verantwortung in den Wissenschaften, Zürich: Hochschulverlag,
151–164.

Pezzoli-Olgiati, Daria, 2015a, Approaching Religious Symbols in the
Public Space. Contemporary Art Museums as Places of Negotia-
tion?, Journal for Religion, Film and Media 1, 1, 95–101, https://doi.
org/10.25364/05.1:2015.1.10.

Pezzoli-Olgiati, Daria, 2015b, Religion in Cultural Imaginary. Setting the
Scene, in: dies. (Hg.), Religion in Cultural Imaginary. Explorations in
Visual and Material Practices, Zürich: Pano/Baden-Baden: Nomos,
9–38.

Pickel, Gert, 2011, Demokratie, Staat und Religionen, in: Liedhegener,
Antonius/Tunger-Zanetti, Andreas/Wirz, Stephan (Hg.), Religion –
Wirtschaft – Politik. Forschungszugänge zu einem aktuellen transdis-
ziplinären Feld, Zürich: Pano/Baden-Baden: Nomos, 275–303.

Pizan, Christine de, 1986, Das Buch der Stadt der Frauen. Aus dem Mittel-
französischen übersetzt, mit einem Kommentar und einer Einleitung
versehen von Margarete Zimmermann, Berlin: Orlanda Frauenverlag.

Pollack, Detlef, 1995, Was ist Religion? Probleme der Definition, Zeitschrift für Religionswissenschaft 3, 2, 163–190.

Pusterla, Fabio, 2018, Una luce che non si spegne. Luoghi, maestri e com-
pagni di vita, Bellinzona: Edizione Casagrande.

Reinhard, Wolfgang, 2009, Christliche Wahrnehmung fremder Religionen
und Fremdwahrnehmungen des Christentums in der frühen Neuzeit,
in: Grenzmann, Ludger/Haye, Thomas/Henek, Nikolaus/Kaufmann,
Thomas (Hg.), Wechselseitige Wahrnehmung der Religionen im Spät-
mittelalter und in der frühen Neuzeit, I. Konzeptionelle Grundfragen
und Fallstudien (Heiden, Barbaren, Juden), Berlin/New York: De
Gruyter, 51–71.

Religionswissenschaft – Theologie, 2012, Erkundungen einer strittigen
Zuordnung, in: Berliner Theologische Zeitschrift 29, 1.

Sabbatucci, Dario, 1988, Kultur und Religion, in: Cancik, Hubert/Gladi-
gow, Burkhard/Laubscher, Matthias (Hg.), Handbuch religionswissenschaftlicher Grundbegriffe, Bd. I, Stuttgart/Berlin/Köln: Kohlhammer, 43–58.

Schlieter, Jens (Hg.), 2010, Was ist Religion? Texte von Cicero bis Luhmann, Stuttgart: Reclam.

Schlieter, Jens, 2012, Religion, Religionswissenschaft und Normativität, in: Stausberg, Michael (Hg.), Religionswissenschaft, Berlin: De Gruyter, 227–240.

Schumann, Olaf, 2007, Anmerkungen zur gesellschaftlichen Verantwortung der Religionswissenschaft, in: Yousefi, Hamid/Fischer, Klaus/ Braun Ina/Gantke, Wolfgang (Hg.), Wege zur Religionswissenschaft. Eine interkulturelle Orientierung. Aspekte, Grundprobleme, ergänzende Perspektiven, Nordhausen: Trautgott Bautz, 187–206.

Somerville, Margaret/Rapport, David (Hg.), 2000, Transdisciplinarity. Recreating Integrated Knowledge, Oxford: Eolss.

Smith, Jonathan Z., 1998, Religion, Religions, Religious, in: Taylor, Mark C. (Hg.), Critical Terms for Religious Studies, Chicago/London: The University of Chicago Press, 269–284.

Stausberg, Michael, 2012a, Religionswissenschaft. Profil eines Universitätsfachs im deutschsprachigen Raum, in: ders. (Hg.), Religionswissenschaft, Berlin: De Gruyter, 1–30.

Stausberg, Michael, 2012b, Religion. Begriff, Definitionen, Theorien, in: ders. (Hg.), Religionswissenschaft, Berlin: De Gruyter, 33–47.

Steinbach, Judith, Integration vs. Assimilation? Die Konstruktion kultureller Identität im n-tv-Programm «Marhaba – Ankommen in Deutschland», Masterarbeit in Religionswissenschaft, Ludwig-Maximilians-Universität, Sommersemester 2017.

Stolz, Fritz, 2000, Religionswissenschaft nach dem Verlust ihres Gegenstandes, in: Feil, Ernst (Hg.), Streitfall «Religion», Münster/Hamburg/ London: LIT Verlag, 137–140.

Stolz, Fritz, 2001, Grundzüge der Religionswissenschaft, Göttingen: Vandenhoeck & Ruprecht (1. Auflage 1988).

Streib, Heinz/Keller, Barbara, 2015, Was bedeutet Spiritualität? Befunde, Analyse und Fallstudien aus Deutschland, Göttingen: Vandenhoeck & Ruprecht.

Strenski, Ivan, 2008, Ideological Critique in the Study of Religion, in: Antes, Peter/Geertz, Armin W./Warne, Randi R. (Hg.), New Approaches to the Study of Religion, Bd. 1: Regional, Critical, and Historical Approaches, Berlin/New York: De Gruyter, 253–293.

Sutcliffe, Steven, 1998, Studying Religions Realistically, Methods and Theory in the Study of Religion 10, 3, 266–274.

The Concise Oxford Dictionary of Current English, 1991, first edited by H. W. Fowler and F. G. Fowler, eighth edition edited by R. E. Allen, Oxford: Clarendon Press.

Tworuschka, Udo, 2015, Einführung in die Geschichte der Religionswissenschaft, Darmstadt: Wissenschaftliche Buchgesellschaft.

Waardenburg, Jacques, 1999, Classical Approaches to the Study of Religion. Aims, Methods and Theories of Research. Introduction and Anthology, New York/Berlin: De Gruyter.

Wagner, Falk, 1997, Art. Religion, II. Theologiegeschichtlich und systematisch-theologisch, in: Müller, Gerhard (Hg.), Theologische Realenzyklopädie, Bd. 28, Berlin: De Gruyter, 522–545.

Werlen, Bruno, 2008, Körper, Raum und mediale Repräsentation, in: Döring, Jörg/Thielmann, Tristan (Hg.), Spatial Turn. Das Raumparadigma in den Kultur- und Sozialwissenschaften, Bielefeld: Transcript, 365–392.

Woodhead, Linda, 2007, Gender Differences in Religious Practice and Significance, in: Beckford, James A./Demerath, Jay (Hg.), The SAGE Handbook of the Sociology of Religion, Los Angeles: Sage, 566–586.

Woodhead, Linda, 2011, Five Concepts of Religion, International Review of Sociology 21, 1, 121–143.

Zander, Helmut, 2012, Religionsfreiheit im Rahmen der Verfassung – ein Assimilationsprojekt?, in: Heit, Alexander/Pfleiderer, Georg (Hg.), Religions-Politik II. Zur pluralistischen Religionskultur in Europa, Zürich: Pano/Baden-Baden: Nomos, 127–152.

www.tvz-verlag.ch

2017, 160 Seiten, Paperback
mit Abbildungen
ISBN 978-3-290-22041-9
CHF 36.80 - EUR 32.90 - EUA 33.90

Dolores Zoé Bertschinger, Natalie Fritz,
Anna-Katharina Höpflinger, Marie-Therese Mäder (Hg.)

Augen-Blicke

29 Perspektiven auf Religion

Was hat Religion mit Pasta zu tun? Kann der religionswissenschaftliche Blick verschlossene Türen durchdringen? Was, wenn Fahrzeugtuning Gegenstand der Religionswissenschaft wäre?

Diesen und anderen überraschenden Fragen geht die Festschrift für Daria Pezzoli-Olgiati nach. 29 Autorinnen und Autoren aus unterschiedlichen Disziplinen und Arbeitsfeldern machen sich, ausgehend von einer ihnen zugeteilten Fotografie, Gedanken zum Thema Religion. In kurzen Essays legen sie ihre Perspektive auf Religion in Bildern, auf Bilder in Religionen und auf Religionsdefinitionen dar. Ein Buch, das die mannigfaltige Präsenz von Religion in Geschichte und Gegenwart zeigt.

«... eine abwechslungsreiche Annäherung an ein komplexes Phänomen.» *Andrea Aebi, bref*

TVZ Theologischer Verlag Zürich AG, Badenerstr. 73 / CH-8004 Zürich
Tel +41 (0)44 299 33 55, Fax +41 (0)44 299 33 58, www.tvz-verlag.ch, tvz@ref.ch